杰罗姆·西摩·布鲁纳
（Jerome Seymour Bruner，1915—2016）

1

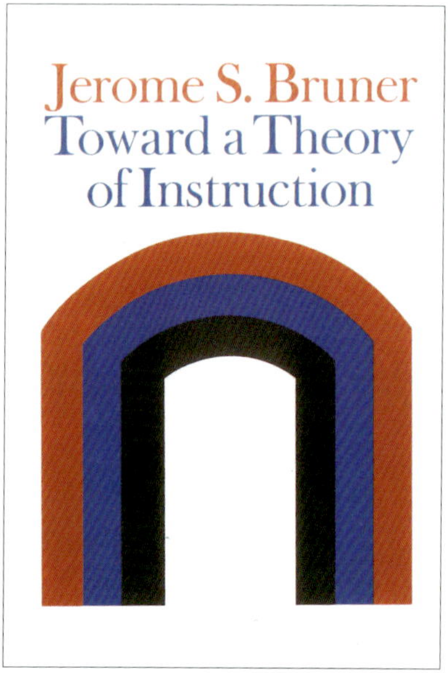

2

3

1. 1977 年英文版《教育过程》
2. 1966 年英文版《教学论探讨》
3. 1973 年英文版《教育的适合性》

◆ 布鲁纳是美国著名心理学家、教育家和新教学论思想家，曾任美国心理学会主席。作为认知心理学的先驱，他还是结构主义教学论派和发现教学法的主要代表人物之一。他是致力于将心理学理论应用于教育的典型代表，被誉为杜威之后对美国教育影响最大的人。在长期、深入的研究活动中，他撰写了大量教育、教学和心理学方面的论著，对教育改革和课程教学改革不断提出自己的见解和建议，是第二次世界大战后美国积极参与教改运动的杰出教育家。本书是布鲁纳有代表性的三部著作之一，另外两部分别是《教学论探讨》和《教育的适合性》。这三部著作是研究布鲁纳教育思想的重要文献。这些具有时代特色的教育理论研究成果，可以为我国教育发展、课程教学改革和教育科学研究提供有益借鉴。本书由我国当代著名教育心理学家邵瑞珍翻译，由我国当代著名比较教育学家王承绪校核。

The Process of Education
By Jerome S. Bruner
ISBN 978-0-674-71001-6

外 国 教 育 名 著 丛 书

教育过程

JIAOYU GUOCHENG

［美］布鲁纳　著
邵瑞珍　译　王承绪　校

中国教育出版传媒集团
人民教育出版社
·北京·

图书在版编目（CIP）数据

教育过程/（美）布鲁纳著；邵瑞珍译. —北京：人民教育出版社，2023.6（2025.7重印）

（外国教育名著丛书）

ISBN 978-7-107-36942-1

Ⅰ. ①教… Ⅱ. ①布… ②邵… Ⅲ. ①教育理论—美国—现代 Ⅳ. ①G40-097.12

中国国家版本馆 CIP 数据核字（2023）第 108015 号

外国教育名著丛书 教育过程

出版发行 人民教育出版社

（北京市海淀区中关村南大街 17 号院 1 号楼 邮编：100081）

网　　址 http://www.pep.com.cn

经　　销 全国新华书店

印　　刷 保定市中画美凯印刷有限公司

版　　次 2023年 6 月第 1 版

印　　次 2025年 7 月第 3 次印刷

开　　本 890 毫米×1 240 毫米 1/32

印　　张 3.875

插　　页 1

字　　数 101 千字

印　　数 3 501～5 500 册

定　　价 15.00元

《外国教育名著丛书》再版说明

在人类数千年的教育史上产生过无数鸿篇巨制，尤其是近现代以来，许多教育家、思想家、理论家和实践家，通过对人类教育所进行的长期艰辛的探索和严密的思考、审慎的研究，撰写了不少对人类教育发展产生了巨大而深远影响的伟大著作。即使人类历史进入了21世纪，这些著作仍然保持着强盛的生命力。

本着“服务教育、繁荣学术、积累文化”的宗旨，在原社长兼总编辑叶立群倡导下，人民教育出版社组织专家学者从这些著作中精选了对世界和中国教育产生过并将继续产生重大影响的作品，汇编成《外国教育名著丛书》。这套丛书共39种47本，自1984年陆续出版以来，受到教育界、学术界的热烈欢迎和普遍好评，一经问世即已售罄。为满足读者尤其是高等院校教育专业师生教学与研究的迫切需要，我社2001年曾从这套丛书中选择了部分图书进行重印，以解燃眉之急。现在，我社决定全面再版这套丛书，在文字和技术上进一步做了编辑工作。热忱希望广大读者对这套丛书的编辑出版工作提出宝贵意见，以使之更臻完善。

人民教育出版社

2014年12月

《外国教育名著丛书》出版说明

为了发展我国社会主义教育事业，建立具有中国特色的社会主义教育体系，不仅需要研究我国教育的历史和现状，总结我国教育的经验，而且需要研究外国教育的历史和现状，借鉴外国教育的经验。为了给我国教育工作者提供研究外国教育思想的理论著作，并给师范院校提供教学参考书，我社决定出版这套丛书。

这套丛书选收古代、近代、现代对世界、对中国有较大影响的外国教育家、心理学家的有代表性的教育理论著作，包括整本专著、文章汇编或者著作节选。

毋庸置疑，本丛书所收选的书既闪耀着人类教育智慧的光辉，又由于作者所处时代、阶级的限制，不可避免地存在着糟粕；有的虽非糟粕，但由于地区条件的不同，也可能并不适合于我国。因此，我们在阅读时一定要以马克思列宁主义、毛泽东思想作为武器，对书中的内容进行分析，批判地吸收其中有益的东西，而不要照搬照抄。

为了帮助读者阅读和理解书的内容，我们请译者或有关专家为每一本书撰写了前言，有的书还附有年表、图片或其他参考资料。当然，前言只是一家之言，而不是对某书的定评；读者完全可以对这本书进行更加广泛、更加深入的研究。

由于我们水平有限，经验不足，本丛书定有不少缺点和错误，欢迎读者批评指正，以便我们改进工作。

人民教育出版社

1984年

《教育过程》中文版出版说明

《教育过程》(1960 年)、《教学论探讨》(1966 年) 和《教育的适合性》(1971 年) 是布鲁纳的代表性著作。1982 年文化教育出版社 (人民教育出版社副牌) 出版了中文版《教育过程》。人民教育出版社 1989 年出版了三本代表性著作的中文版合集《布鲁纳教育论著选》(《外国教育名著丛书》的一种),2018 年出版了该中文版合集的第二版。布鲁纳的著作在出版后受到了我国教育工作者和教育学研究者的广泛喜爱,对我国教育教学的改革与研究影响深远。2022 年是文化教育出版社 1982 年版《教育过程》问世 40 周年,根据读者的需求,我们特推出该书中文单行本,以资纪念。在此,谨向本书原作者布鲁纳先生、译者邵瑞珍先生和校核者王承绪先生表示深切的怀念和敬意。

人民教育出版社

2022 年 12 月

Jerome S. Bruner

THE PROCESS OF EDUCATION

Harvard University Press
Cambridge Massachusetts
1960
Sixteenth Printing，1978

本书根据美国哈佛大学出版社 1960 年版译出，
根据 1978 年第 16 次重印本修订。

《布鲁纳教育论著选》
中文版前言

张渭城

第二次世界大战结束后不久，美国首先掀起了世界范围内教育与教学改革的高潮，也相应地出现了蓬勃开展教学论研究的新局面。近几十年来，教学论研究已成为国外教育学研究一个最为活跃的领域。美国著名心理学家、新教学论思想家布鲁纳在这方面进行了长期、深入的研究活动，发表了大量教育、教学和心理学方面的论著，对美国的教改不断提出自己的见解和建议，是二战后美国积极参与教改运动的一位杰出的教育家。

一

布鲁纳（Jerome S. Bruner，1915—2016）于 1937 年在美国杜克大学（Duke University）获学士学位，1941 年在哈佛大学获心理学博士学位，以后在西北大学、谢菲尔德大学、坦普尔大学等九所高等学校获得荣誉学位（Honours Degrees）。第二次世界大战期间，他先在艾森豪威尔总司令部搞心理战术研究，后在美国联邦交通委员会、农业部等部门任职，最后任普林斯顿公共舆论研究所副所长、战争信息办公室海外支部委员，并在法国军队从事智力开发工作。二战后返回哈佛大学，先任心理学讲师，1952 年升任教授，1962 年起任认知研究中心主任，并先后担任美国心理学会主席，美国社会问题心理研究会主席，美国艺术和科学院研究员，美国教育研究院研究员，美国科学促进会理事，国际社会心理学联合会理事，美国联邦咨询研究组、美国总统科学顾问委员会以及白宫教育研究与发展专门小组等组织的成员。布鲁纳以其卓越的教育和心理实验研究成果及社会科研活动成绩，先后荣获美国优异科学奖（1962）、美国教育研究联合会和教育出版机构联合奖（1969），以及梅里尔-派尔美机构的嘉奖状（1970）等。

二

布鲁纳最早从事动物行为实验研究，从 1947 年起转为研究人的感知觉、人对知识的理解与获得知识的过程等。其间曾发表过著名的知觉实验研究报告，说明让不同阶级的儿童估量钱币大小，说法各异，由此可见“需要在一个人的知觉里十分重要”，“知觉有选择性，是个复杂过程，它在人的心理活动过程中不是孤立的，而是和动机、需要以及思维、个性等互相联系的”，等等。

二战后，布鲁纳以其心理学家所独具的对事物观察的敏锐性，较早地看到了美国社会政治、经济和科技发展新形势对教育教学工作所提出的各种新要求，及时地将他所擅长的心理学理论运用于教育与教学问题的研究，在心理学和教学论领域的交界处开拓了新的研究阵地，对儿童的智力发展、学习与认知的过程、课程与教材的编制设计以及教学方法改革等重要问题做了深入的探索。他汲取瑞士著名心理学家皮亚杰（J. Piaget，1896—1980）关于“发生认识论”等的研究成果，提出了不少有独创性的见解，并据此创立了结构主义教学论派，受到了美国教育当局和学术界的重视。1959 年，美国科学院在伍兹霍尔召开讨论教改的重要会议，与会者有美国科技学术界知名学者专家 30 多人，布鲁纳被任命为此次会议的主席。

布鲁纳教育论著甚丰，主要有：《人民的委任》(1944)、《舆论与人格》(1956)、《思维的研究》（1956)、《教育过程》（1960)、《论认知》（1962)、《认知成长之研究》（1966)、《教学论探讨》(1966)、《认知成长过程——婴幼儿教育》（1968)、《教育的适合性》(1971)、《教育过程再探》(1971)、《论教学的若干原则》(1972)、《超越给定的信息》(1973)等。其中,《教育过程》《教育论探讨》《教育的适合性》三本专著,一般公认为是他的教育学代表作。

三

《教育过程》是布鲁纳的成名作。布鲁纳于伍兹霍尔教改会议结束后,以自己的结构论思想为主导,综合学者专家们在会上发表的不同意见撰写了这本书。它主要"按照结构主义表达知识观","按照直觉主义表达研究认识过程",阐述了课程改革的四个中心思想:学习任何学科,主要是要使学生掌握这一学科的基本结构,也要掌握研究这一学科的基本态度或方法;任何学科的基本原理都可以用某种形式教给任何年龄的学生;过去在教学中只注意发展学生的分析思维能力,今后应重视发展直觉思维能力;学习的最好动机乃是对所学材料本身发生兴趣,不宜过分重视奖励、竞争之类的外在刺激。该书出版后立即引起人们的广泛重视,很快传播到了苏联、日本、西欧和一些发展中国家,被译成 23 种文字,对多国先后掀起的教改运动产生了重要影响。该书因此被西方教育界人士誉为"划时代的著作","有史以来教育方面最重要、最有影响力的一本书",布鲁纳本人也随之而名噪世界,被不少人视为二战后新教学论三大流派之一,即结构主义教学论派的主要代表人物。(另两派一般是指:以苏联著名心理学家、教育家 Л. В. 赞科夫为主要代表的"教学与发展"实验教学论派,以德国著名教育家 M. 瓦根舍因等为主要代表的范例教学论派。)

《教育过程》一书在课程设计思想上,既不同于经验主义的课程设计论,也不同于以学科为中心的分科课程论,强调要学生学习各学科的"基本结构",即各种基本概念、基本原理以及它们相互之间的规律和联系,强调使学生参与知识的建构,掌握知识的整体与事物之间的普遍联系，而不是掌握零星的经验、事物或知识的结论。在教学法思想上，该书强调应广泛使用“发现法”，教师要在教学中“尽可能保留一些使人兴奋的观念”，“引导学生自己去发现它”；要求学生像数学家那样思考数学，像历史学家那样思考史学，亲自去发现结论和规律，使自己成为一个发现者。关于学习动机，该书认为这是使发现的学习能有效进行所必须注意的重要方面。但该书主张应激发学生的内在动机，否则用奖赏或竞争等外在动机的收效是有限的，也不能保持长久。由此出发，布鲁纳主张围绕兴趣组织儿童的学习，引发其学习动机。布鲁纳认为应当基于儿童对所学材料产生积极主动的兴趣来激发其学习动机，在教学进程中努力把所要传授给学生的内容作为他们自己思维的对象，使教学过程积极化，创造必要条件发展学生智力、才能和进行创造性思维的能力。

二战后科技迅速发展，国际政治力量的斗争日趋激烈，在此背景下，以 1957 年苏联人造地球卫星首先上天为契机，美国上下要求教改的呼声日高，人们普遍要求提高普通教育质量，追求卓越的智力标准，培养大量科技人才，以求国家在国际竞争中立于不败之地。《教育过程》正是适应这一需要，提出了相应的主张，其主旨即改革普通学校教学内容和方法，促进儿童智力发展，把学校各科教育教学重点转移到培养儿童的智力和能力上来，这无疑为美国解决上述问题提出了一个颇为吸引人的新方案。它既不同于传统教学论盲目强调系统知识学习，又与实验主义教学论偏重经验学习的主张不同。它把工作的着眼点放到了解决现代人类开发智力资源的需要上来，因而具有突出的时代特色、很强的生命力，受到了极大的欢迎。美国在二战后不久就掀起了一场以此思想为指导、以课程革新为中心的教改运动，其奥秘即在此。

四

上述运动没有持续太长时间，人们便逐渐发现，按照布鲁纳理论观点编写或改编的中小学各科教材，主要是数、理、化、生各科新教材，其共同特点是片面强调内容的现代化、理论化，轻视基本知识和基本技能的传授与训练，混淆学科和科学两者的界限，具有极端的理性主义色彩，脱离绝大多数教师和学生“教”与“学”的实际能力，因而并不能达到预期的教改目标，也不能促使中小学教育与教学发生质的积极变化，相反，大量出现了学生学业成绩下降的现象。这就不可避免地招致越来越多的社会人士和青年学生的不满和指责，从 20 世纪 60 年代中期开始，一场强大的群众性的“恢复基础”运动便汹涌而起，矛头直指布鲁纳所倡导的上述课程改革实验，从而很快就宣告了二战后美国第一次教改运动的失败。这一切迫使布鲁纳于《教育过程》出版后不久继续深入思考教育与教学领域在新形势下所面临的各种新问题，《教学论探讨》和《教育的适合性》这两本论著正是在这样的背景下先后问世的。

《教学论探讨》收录的八篇文章，是布鲁纳于 20 世纪 60 年代上半期用了约五年时间先后写出的。在此期间，他不仅从事关于发展问题的研究，“还从事幼儿课堂教学、课程设计以至剪辑教学影片和培训教师的工作”，即担负了公共教育各项实际工作，还在白宫的教育研究与发展专门小组工作。根据从事实际教育工作的经验，结合在总统科学顾问委员会、教育研究与发展专门小组一次题为“教学与发展”讨论会上议论的主题，他针对当时迫切需要解决的教学论问题，主要是怎样更好地促进学生的智能发展问题，从多方面作了进一步研究剖析。例如，第一篇《成长的模式》着重从心理学角度提出了成长或智力发展的一些基本标准，认为一种成长的理论如果不能阐明人类如何顺序控制从动作到映象再到符号这三种表象系统的发展特点，是不会引起人们兴趣的理论；《教育是社会的创造力》，指出当时急需思考的教育上的种种变化（如对人的漫长成长过程、人智力增长的性质以及十年教育实验研究和社会迅速变化向教育提出的新要求等在理解上逐渐深入的变化），从教育应是一种社会的创造力来看待人类处理和再现信息的智力发展过程，要把人类已经发展的三个平行系统，即动作系统、映象系统、符号系统，看作发展过程的各个着重点进行研究；《本国语教学》，强调指出语言主要是一种思想工具，具有多种功能，与人的智能发展有着密切的关系；《人类学课程》，进一步阐述了他的课程设计论点，指出这门课程的设计实验研究仍证明，一门课程越是基本，修习它的学生年龄越是幼小，确定培育智力的教学法目标就越重要。他强调，一门好课程所提供的智力训练或培养的诚实的学习态度和方法，同它所授予学生的知识一样重要，二者缺一不可。其他几篇，如《一种教学理论的笔记》《学习的意志》《论适应与防卫》《对课程制定与评价的回顾》等，也都是对教学论有关问题所作的理论和实际的探索。正如他在该书“前言”中所说的，所有这些文章，“实际上是一个探索认识过程的学者试图掌握教育问题所作出的一番努力”。

从 20 世纪 60 年代起，美国社会先后经历了越来越广泛而深刻的动乱，例如，由于越南战争引起的社会骚乱，学生运动把反抗矛头指向社会和学校教育，广大青年群众为实现种种政治目的所采取的一些行动，特别是人们为反对第一次教改运动所提出的所谓自发性、自然性、直接性学习等甚嚣尘上的自由主义教育主张，这一切驱使布鲁纳逐渐把注意力转向如何改组学校教育以适应社会变化的需要，如何更多地注意与此时美国社会所面临的种种迫切需要紧密关联的知识和课程的问题，驱使他从本来全力强调学习各科知识结构和进行课程教材的改革转到了研究教育与社会的适合性或相关性问题上。这样，继《教学论探讨》一书出版以后，他又陆续撰写了大量论文，围绕教育与社会的适合性这个主题对有关教学论的一些重大问题再一次作了深入的探讨。1971 年，他把其中的九篇，即《智力完善化的可能性》《文化与认知的成长》《心智的成长》《发现的若干要素》《直觉思维的训练》《文化、政治与教育学》《适合的技能或技能的适合》《教育学的心理生物学》《贫穷与儿童期》辑为《教育的适合性》一书出版。这九篇文章的前五篇主要对智力、认知、直觉和发现过程等问题作了剖析和探讨，后四篇则主要对文化环境等社会因素与人的认知发展之间的关系提出了自己的观点，在更大的范围考察了教育、发展、认知成长等与社会的相关性问题。

五

从对布鲁纳这三本代表作的简单介绍可以发现，他的教育思想的发展脉络比较清楚，那就是，从积极主张搞课程改革，主要是中小学数理科教材改革以实现其新教学论即结构论主张，转为冷静而更深入地思考如何解决新教学论所面对的主要问题，也就是如何更好地发展儿童的智力和能力，更全面地实现教改的目的问题，紧接着又转为密切注视美国社会发生的种种问题，探讨如何使教育教学工作更好地适应社会需要的问题，即教育和社会的相互关系问题。布鲁纳教育思想的这一发展演变过程无疑是日趋正视美国社会各种现实问题，日渐触及教育的本质问题的，因此应该说是日趋进步的。但是这是否意味着他的教育理论的彻底改变呢？他在 1971 年版《教育的适合性》的“路透丛书版原序”中的答复是否定的。他只承认那是他研究问题的中心的改变，“用知识的媒介和结构加强心智和培育心智，用滤去杂质和构造信息的力量和策略来装备心智及其培育过程，从来是也永远是至关重要的”。“我相信，为了求得智力优异而努力，同为了从根本上改革社会而斗争，该是并行不悖的”。由此可见，他看到了 20 世纪 60—70 年代美国社会经历了被人称为“道德危机”的严重动乱局面，也从第一次教改的失败中看到了教改问题同社会问题的相互制约关系。此外，他在这一序里又说，无论怎样反复考察正规学校制度的本质，想去改变教育的目标，“技能的掌握仍旧处于问题的核心”。“鉴于美国教育环境种种地区性的原因，我们倾向于每次采取一个好措施。替一直受屈的一些人着想而作的一番努力，难道会阻碍在未曾受屈的人们当中对优才的培养的继续关心吗?”十分明显，这种企图兼顾两头、进行点滴改良来达到教改的理想，在美国这样矛盾重重的社会里是难以做到的。

此后不久，布鲁纳在《教育过程再探》一文里明确提出：教改首先要求人们的，“已不是改革而是革命”，“就紧要之处来说，起中介作用的工具势必不是课程而是学校，甚至连学校也不是而是社会”；人们已“不是凭借课程从内部去改革学校，而是要把学校全部改组以切合社会的需要”，教学“应更多地注意与社会面临的问题相关联的知识”；第一次教改企图从自然学科的教学开始，随后将遍及其他学科搞课程教材内容现代化来实现教改的理想，“实在是‘天真无知’的”，“过于理想主义了”；等等。这标志着他的教育思想的又一次明显的转变。

六

布鲁纳教育思想的上述发展变化，是二战后美国教改所走过的曲折道路的反映，也是美国近现代教育史上各教育学术派别进行长期斗争的产物。

在美国近现代教育史上，自 19 世纪末起，以杜威实用主义思想为旗帜的进步派教育者发起了对传统教学论，主要是对赫尔巴特派教学论思想的批判与改革运动。这一学派在二战前约半个世纪始终在美国教育领域占优势地位，对国内外教育教学工作的理论与实践产生过重要影响。直到二战后，特别是 1957 年苏联首先发射人造地球卫星以后，它才失去优势，甚至成为众矢之的，受到“连珠炮似的”攻击，人们都把美国科技领先地位的动摇归咎于公共教育的失败，归咎于实用主义教育理论和实践导致教育质量大大降低，把“伊凡能学到的东西而约翰未能学到”的罪魁祸首加到它的头上，于是，长期与之持不同意见的各派乘机而起，纷纷提出自己的理论或主张，其中以永恒主义、存在主义、要素主义和布鲁纳代表的结构主义学派理论最为引人注目。

永恒主义派代表人物赫钦斯和阿德勒等认为，教育的任务应为传授永恒的知识，普通教育的核心应为实施“永恒课程”，各基础学科首先应注意学习“古典书籍”“名著杰作”，课程教材内容应限于“永恒的知识”范围，他们反对杜威派轻视书本知识、放任儿童按兴趣学习的观点。但是那种让现代社会的儿童钻故纸堆、学永恒的静态的课程，显然也与时代前进步伐背道而驰，是行不通的。

要素主义派代表人物巴格莱等十分强调要树立教师权威，使儿童守纪律、“努力”学习、有自我约束与控制能力等，认为正确的教育应当引导儿童掌握人类文化财富、历史珍贵遗产、“文化精粹”、民族经验和时代智慧等“要素”。据此，他们主张加强“双基”训练，实施严肃的、有计划的教学，强烈反对杜威派实施“软性教育”的种种观点。这派主张在20世纪50—60年代的美国广受支持，著名教育家科南特等当时提出的一系列教改建议，在理论上也都属于这派思想范畴。但由于这一学派片面注重传统的教育教学理论与种种实践办法，按其主张进行第一次教改的结果并未达到预期理想，出现的问题不少，因而到20世纪60年代末一度偃旗息鼓，渐渐失去优势。

美国教育家尼勒、莫里斯等于20世纪50年代把西方那种颓废的存在主义哲学理论用于教育，鼓吹应实施所谓的“内向课程”，实施以个人的“主观性”为出发点的教育，主张“课程的全部重点必须从事物世界转到人格世界”，甚至认为教育应是人们以本能为主导内容的活动，因此要切断个人与社会的种种联系，求得人的自我实现等。这明显是西方社会动荡不安局面的产物，反映了资本主义世界的危机和矛盾，在教育的具体实践中实际上很少为人所用。

前面已提到，以布鲁纳为主要代表的结构主义学派，是在二战后科技迅速发展和国际政治力量激烈斗争的背景下，适应教改的迫切需要“应运而生”的，也是在上述各派教育学术斗争和布鲁纳主观的教育思想基础上提出的。这一学派除布鲁纳外，还有生物学家兼教育家施瓦布（Joseph Schwab）等，按照他们的结构论思想改革课程，改编教科书，搞教材教法革新运动，很快就编出了一系列新教材，著名的有普通学校数学研究会（SMSG）编写的两套中学数学教材、物理科学研究委员会（PSSC）编写的物理教材、化学教材研究会（CHEMS）和化学键概念教材设计协会各编写的一套化学教材、生物科学课程研究会（BSCS）编写的高中生物教材等。学科结构论或知识结构论及据此理论编写的新教材最初得到很高评价，如被认为是对苏联人造地球卫星挑战的有力回击等，影响很大。布鲁纳和杜威的教学论的主要不同之处在于哲学认识论方面。杜威的实用主义论是地道的主观唯心主义，其思想的核心是“经验”，认为这与自然环境是同一过程的两个方面，是个体与环境相互作用的统一体，两者连接起来就会交融为一，从而否认客观世界是离开经验而独立存在的，把世界看作人的经验或主观之物。杜威把这种经验用于教学论，认为教学与教育的过程是一种活动过程、生活过程，儿童获得知识和受到教育的过程并不是按什么预定目标进行的，所获得的知识和教育是在活动或实际生活过程中附带得到的东西。他认为学校课程内容不应是系统科学知识，而是社会基本活动，即衣、食、住、行、纺织、园艺、烹饪等活动，儿童的学习应当是实际操作，“从做中学”。布鲁纳则明显地站在此理论抨击者的行列。与杜威的认识论相反，他强调：知识领域是独立存在的、可以认识的，“经验”或“事物”所具有的某些规律性的东西才是引起人们追求知识的根由，教材应是对这些东西的记录；结构不是在材料内部发现的，而是“外加”进去的，是人所塑造、形成、“构造”的；知识可以由各学科最具有远见卓识的专家和学者来构造一个连贯的模式，并可按此构筑儿童应得的知识。他认为正是这样构造知识的模式才使“经验”里的规律性具有意义和结构。他据此提出，任何组织知识体系的观念都是人类发明出来的，目的是为了使经验更加连贯。人们在物理学中发明了力的概念，在心理学中发明了动机的概念，在文学中发明了风格的概念，这些概念都是帮助人们获得对知识的理解的一种手段，而学生获得了这样的知识结构，便获得了运用一个学科的基本概念的能力，便可以利用它们作为认识和攻克其他问题的基础。这就是布鲁纳所说的“他学到的观念越是基本，几乎可归结为定义，则这些观念对新问题的适用范围就越是宽广”。他据此反对杜威实用主义派所说，独立的知识领域不可思议，知识是关于某种不变的外在现实的认知，除知识获得过程外无知识可言等观点。正是在这一点上，他对普通学校教学所持的见解，同科南特等人的十分相似。

布鲁纳与杜威在教学的认识论观点上有些相同之处，例如，他们都重视儿童的兴趣与爱好，在解释“学习的动机原则”时都强调要引发其对学习内容的好奇心，使之产生学习活动的心理倾向、学习兴趣等。不过，他反对杜威等人把这些看作引发儿童学习的唯一依据，而是认为兴趣与爱好等也是可以培养的，不是自发的。另外，他所提倡的“发现法”也同杜威的“探究”“反省思维”或“问题的提出和解决”等观点十分相似，只不过他更为强调其中的“直觉”因素而已。由此可见，他并不全盘否定杜威的一套理论，而只是否定实用主义“经验”论里的一些比较消极的东西，可以说，他的教学论在一定程度上也采纳了要素主义、实用主义等派别所主张的一些合理的内核。

七

布鲁纳在上述认识论观点指导下提出的结构论教学主张，值得注意的有以下几个方面。

第一，在教学的目的任务上，他强调这是现代教学论首先应注意解决的重要问题。他认为，由于当代科技发展的迅猛形势，学生在学校所学的一定数量的知识和技能已经远远不敷所用，因此教学不仅要使学生掌握必要的知识和技能，更为重要的是要培养他们的智力，发展他们的能力，使之能够成为适应社会和科技迅速变化的需要、善于解决所面临的各种新问题的有才智的聪明人。在布鲁纳的教育思想里，学生智力的发展与能力的培养是中心概念，强调新时代应当普遍地注意教育的智力目的，通过教育促进人的智力发展，提高人的质量或素质。他甚至还把这样的教育目的同国家的安全或命运联系起来，认为："如果能够使我们所有儿童的智力都得到充分的发挥，就可以使我们这个处于工艺和社会异常复杂的时代的民主国家获得更好的生存机会。"据此，他十分强调要充分估计学生的学习潜力和主观能动性，使教学活动不致被动地迁就学生的智力发展水平，而要主动促进学生智力的发展或成长，要十分注意培养学生接受信息和处理信息的能力，即善于在接受信息后使之转化，加以组织、归类、贮存、再现和应用的能力，养成他们自动自主的学习和应变的能力。

第二，在课程教材的内容上，他提出为使学生有限的接受能力在以后一生中得到充分发挥，变得更有价值，必须研究教学内容，提高课程教材的质量，就应当教授各门学科的"基本结构"。他强调"不论我们选教什么，务必使学生理解并掌握该门学科的基本结构"，要把这种基本结构放在设计课程和编写教材的中心地位，使它成为教学的中心。这种基本结构可以归纳为各门学科的定义、原理和法则等，学生如果掌握了，便容易理解该门学科的内容，不仅可以记住知识，还可以获得新知识，易于举一反三，扩大对其他学科内容的理解，走向"训练迁移"的大道，并"学会怎样学习"。他主张用螺旋式方法组织编制各科教材，注意教材组织的心理化，使所编的教材符合儿童智力发展的进程和特点，学起来易懂、易记、易迁移，对水平参差不齐的学生都可起到促进智力发展的作用。他提出要由专家学者参加编写中小学各科教材，以便把学习的智慧带给初步学习的学生。

第三，关于教学的原则。他在《论教学的若干原则》等文章中提出动机、结构、程序、强化四原则，认为这些是通过教学使学生最有效地获得知识、技能和发展智力的重要规则，可为评估任何教学法或学习法提供标准或树立准则。(1) 对动机的原则，他强调要注意儿童学习的心理倾向和学习行为的驱动力问题，认为那些具有自我强化作用的内在动机，如“好奇”的内驱力、“胜任”的内驱力和“互惠”的内驱力等，远比“奖赏”“竞争”等外在动机更为重要，因为以外在动机促进学习的作用很有限，而以内在动机促进学习所延续的时间更长、效果更好。为此教师要充分利用由于学生本身需要而产生的内在动机，设法“激活”它们，使之具有明确的目的性或“方向性”，能够保持稳定。(2) 对结构的原则，他提出，“一种结构的优越性取决于它在简化信息、产生新命题和增强知识可操作性等方面的力量，它也总是与学习者的状况与天赋有关”，他认为结构就是把大量知识组织起来的方式，教学目的之一就是要促进学生对教材结构获得一般的理解，使他们掌握把许多事实、观念、概念有意义地联系起来的知识的整体，或知识之间的联系。(3) 对程序的原则，他认为应考虑不同年龄阶段儿童智力发展一般按动作、图像（或映象、肖像）、符号（或象征）等再现表象程序呈现的特征，通过教学过程加快不同年龄阶段儿童智力的成长。他认为教学一般应按照儿童认知发展的这些程序进行，教授各门学科的最好顺序应当按照儿童智力发展进程的这个程序来安排，而教材难度的大小在一定程度上就同这种安排有关。(4) 对强化的原则，他主张教师应当选择适当时机随时使学生知道自己学习的结果，提供反馈的信息，合理发挥“强化”的作用，强调应使学生逐步具有自我纠正、自我检查、自我“强化”的能力。

第四，关于教学方法。布鲁纳认为，学习的行为是由获得、转换、评价三个过程组成的，应当广泛使用“发现法”，使学生主动地、有兴趣地产生学习的行为，培养他们获得知识和创造发明的能力。他认为："发现"不限于只是寻求人类尚未知晓的事物的行为，也包括用自己的头脑获得知识的一切形式；科学家的发现和小学生的学习都是智力活动，只是程度不同而已；等等。他强调学生应在教师的启发引导下按自己观察事物的特殊方式发现学科的结构，借助教材或教师提供的其他材料来亲自探索或"发现"事物，主动地概括应知应会的基本原理或规律性的知识。他要求教师只向学生提供学习材料，而结论和规律应当让他们自己"发现"，认为这样的"发现"是促进学生学习的重要因素，教学中应用这种方法可以使学生成为"发现者"，增强他们的学习兴趣，促进他们的智力成长。

第五，关于教师的作用。布鲁纳认为，教师在教学过程中永远是主导者，教师不仅是知识的传授者，还应是学生心智成长过程中的楷模，任何先进的教学辅助手段都代替不了教师应起的作用。但是布鲁纳也多次强调指出，随着时代的进步、科技的发展、现代化教学手段的广泛应用，对教师的要求也越来越高。例如，教师要有效地利用电子计算机辅助教学，必须使用高质量的"软件"或编制合乎逻辑的、科学的教学程序，而要做到这点，教师必须在主观上作出更大的努力，必须不断深入钻研教材，提高各种知识水平，丰富教学经验，才有可能为进行良好的教学、收到理想的教学效果创造条件。

布鲁纳对上述教学论领域的一些重要问题，用他所属的认知心理学派的理论为指导，进行了深入的研究，提出了有独创见解的主张，形成了颇具新时代特色的、有一定科学水平的结构主义教学理论。这在二战后一度受到极大的推崇，甚至被人赞扬为在一定范围和一定程度上发挥了给世界教改提出方向和指南的作用。可是没过多久，由于美国第一次教改失败等原因，它又受到严厉指责和长期冷落，其中"奥秘"究竟在哪里？

众所周知，美国是个以"赶时髦"出名的国家，正如美国著名行为主义心理学家斯金纳在《学习的科学和教学的艺术》一文中所述，它是不愿把传统的东西看作天经地义式的东西的“自由世界”，因此在那里不管哪个学派在台上，总会有许许多多其他派别的主张同它唱对台戏，使它受到种种的批评和指责。在二战前长期占优势地位的实用主义进步教育学派，二战后一度取而代之的要素主义教育学派，以及分别代表它们的著名教育家杜威、科南特等，他们在美国近现代教育史上时兴时衰的命运即是例子，布鲁纳新教学论主张在美国的情况也类似，这可以说是美国社会的特点，是美国教改所走过的曲折道路的一种反映。

但是更重要的是，应当看到布鲁纳教学论整个体系本身所存在的一些缺点，值得注意的主要是以下两点。

第一，在课程设计思想上，按此理论设计的课程教材，由于片面强调知识结构论，内容不免过度理论化、抽象化，忽视与社会现实生活、与学生生活以及与教师和学生“教”与“学”的能力的联系，因而并不能解决科学的课程论所应解决的如下几个基本问题：如何按照学习者的基础水平和心理年龄等特点，用学科这种形式使之顺利占有各科科学知识和技能的问题；如何处理好知识、技能与智力发展三方面的关系的问题；如何既重视学科本身的内在知识结构的关联性及各学科知识之间的质的区别性，又重视各学科之间存在的普遍联系和相互渗透现象，从综合化的高度考虑课程教材的体系问题；等等。此外，按此理论设计社会科学各学科课程也有困难，因为这类学科以世界观、历史观为基础，含有“爆炸性”的问题较多，实难找出它们的“基本结构”，要让学生自己去发现它们的基本概念、定义、原理、法则或规律之类的东西自然也更难。

第二，关于教学法思想。由于过分强调探索与发现的效用，常常盲目反对机械识记、演绎教学和接受学习等，离开教师应起的作用而单纯强调发挥儿童自主的、主动的学习作用，夸大儿童学习的主观能动性，势必造成把“教”与“学”的双边活动变成单方或单边活动，实质上否定了学生认识活动客观存在的特点，直接影响到“发展学生智力、培养能力”这一教学目的的更完满实现。布鲁纳提出“任何学科的基本原理都可以某种形式教给任何年龄的任何人”这一大胆设想，认为甚至小学四年级学生就能利用拓扑学原理做非常有趣的游戏，能发现一些新“步骤”或新“定理”等，这既无视教学过程基本上是一种特殊认识过程、学生所学知识主要是间接知识这样一些特点，也无视儿童之间个性素质、才智能力、年龄心理特点迥异等情况，势必违反教学客观规律，导致教学的失败。实践也证明了这一点。另外，很明显，他也没有或不够重视从整体上将儿童作为一个完整的人来分析其全部心理活动的特点。

八

从杜威到布鲁纳，美国现代教学论思想几个主要派别对第二次世界大战前后美国多次进行的教育与教学改革的尝试都未收到理想的效果。但是我们从美国各派教学论，尤其是从以布鲁纳为主要代表的结构主义教学论思想的实验与改革中，从他的教育教学论著中，仍可以得到不少有益的启示。他的教育教学理论与实践中合乎科学的、具有时代特色的内容，无疑可以为我们所用，供我们从事自己的教改实践、建立自己的教学论作借鉴或参考。

目　录

1977 年版新序 …… 1
原序 …… 8
伍兹霍尔会议出席人员名单 …… 15
一　引论 …… 17
二　结构的重要性 …… 28
三　学习的准备 …… 39
四　直觉思维和分析思维 …… 54
五　学习的动机 …… 64
六　教学辅助工具 …… 73
附录 …… 81
教育过程再探 …… 81
布鲁纳生平和著作简介 …… 92

1977 年版新序

谁都不愿意经常在几本已经出版的书上思来想去。他要么就开展别的工作，要么深思熟虑后发布修订版。我手头确实有别的工作，但我得承认，我既没有修订本书，也没有将其抛之脑后。尽管这之前我已经写了《教学论探讨》和《教育的适合性》这两本书作为对此书的补充。

延误重版本书，有几个原因。其一，本书一直被卷入教育界的辩论中：最初在美国，随后又在其他一些国家有了译本。这些国家的主要问题跟美国的很不一样，它们的意识形态迥异。很明显，本书问世以来的 17 年，人们一直对教育问题进行激烈而深刻的辩论。其二，本书被认为富有创见并引起普遍的讨论，这使我深为惊讶。在经验主义论点长期成为支配意见，而“学习理论”又长期充当它的扩音器的美国，一本按照结构主义表达知识观、按照直觉主义表述认知过程的书，竟会受到如此的重视！本书显然是一场变革的一部分，在这场变革中也出现了其他结构主义者对人类认知问题的阐释，其中皮亚杰（J. Piaget）、乔姆斯基（N. A. Chomsky）和斯特劳斯（Levi Strauss）尤为引人注意。回想起来，毫无疑问他们三人对我的思想有意义深远的影响。在之后的岁月中，我在理性上深深卷入前两人所从事的工作，且俨然是斯特劳斯的众多仰慕者之一。像他们的工作采取了新的形式一样，我对于教育过程也产生了新的想法——这些想法大部分产生于本书出版之后。最后，在本书出版后的几年里，我越来越深地卷入“课程发展”的教育计划之中，并指导一个小组去编制人类科学方面一个称为“人类学课程”（Man：A Course of Study）的学校课程。这也把我的思想拉回到本书上来。

这样，在给《教育过程》新的“哈佛平装版”写这篇序言时，就上述每件事情说几句话似乎是适当的，因为，我认为上述三方面情况是密切联系的。

首先，谈谈本书在美国以及其他地区对教育问题所进行的辩论中的作用。任何学科中的知识都有派生的结构。例如，自然科学就是研究范围广泛但不用大量记忆各种特性的一种很严谨的方式。这样的观念并不是新的观念。其实，这是柏拉图主义的核心。物理、化学和生物学方面的进展，历来就要依赖建立一套可据以导出各种特性的基础理论与范例。乔姆斯基在他最近的《对语言的反映》（*Reflections on Language*）中推论，可能有某种自然的甚至“先天的”组织知识的方式，用它来研究“事物”的门类会比用它来研究人们的专业、行为与意向更为有效。这很可能是由于我们可能不那么容易在政治学、经济学以及人文科学方面找到一种公理式的深层结构，并且这些领域中的事件和概念之间的联系形式不仅不同于自然科学中的那些联系形式，而且从实质上说是人的头脑所不易理解的。无论如何，最近半个世纪中知识的发展已足以促使任何富于思想的人，特别是对教育感兴趣的人去寻求新的方法来向新一代传授快速发展的大量知识。很自然，看来重点应当转到教授基本的原理、基础的公理和普遍性的主题上来，应当同学生“讨论”物理学，而不是对他们“讲授”物理学。我们现在可能更多地知道这种方法所包含的困难，但如果目标是传授知识和发展智力的话，它仍不失为唯一具有重大意义的方法。

为了达到这样的目标而设想的计划，需要采用“螺旋式课程”的形式。人们是本着使正在解决问题的学生可以理解的精神去处理知识的；为了做到使学生可以理解，可借助学生已经掌握的思想方式，或者，打个比方，借助他能够“调集”的以前未曾结合过而现在可结合的那些惯常思想方式。人们可从学生的原有水平出发，也可从学生准备好开始他的学习生涯的任何时候出发。正是根据这个精神，我曾提出：“任何科目都能够按照某种诚实的方式，教给任何年龄阶段的任何儿童。”使问题配合学生的能力，或者找出该问题的某方面以便能做到这样的配合，这就是我这句话的精神。我的这句话一度曾被严重地误解过。例如，有人曾问我：“您**确实**认为能把微积分教给六岁的儿童吗?”我的话的确不是这个意思。人们肯定能够使六岁儿童了解“极限”的概念，其正确途径就是让儿童领会微积分中的基本观念。

我提到的在美国以及其他地区的争论有不同的类型。它们围绕着相互对立的一些看法而趋于两极分化：本书的观点同其他一些更重感情的、更重实用的、更有政治性的、更为“传统”的观点相比，的确过于偏重认知方面了。比起其他地方，美国更倾向视学校为教授社交技能与感情技能的一个工具，因此批评者针对布卢姆(B. S. Bloom)的《教育目标分类学》(*Taxonomy of Educational Objectives*)，说他所提出的计划一味强调思维的训练，成为此类片面性计划的根源。评论家如理查德•琼斯(Richard Jones)，在《教育中的幻想和感觉》(*Fantasy and Feeling in Education*)中提出在教育中应更注重自我发现的方针。是的，这个意见确实无法反驳——除非要指出，在培养智力和促进感情的成熟之间并无冲突。在苏联，即本书第一个译本出现的地方，它的“信息”(如果可以这样称呼的话)被看作是在向学校中用政治力量灌输的教条主义进行斗争的武器，被看作是可能使思维更具有独立性的计划。在日本，本书被视为反对古典教育的死记硬背的传统主义之声而广为流传。在意大利，斗争来自两个方面而且是激烈的：马克思主义者抨击本书是认识论的唯心主义的一种形式(因而是资产阶级的)，古典学者认为本书是对伟大的学术传统中人文主义学说的进攻。很清楚，在所有这些对抗声中，关于教育的辩论，不仅是围绕教育，而且是围绕政治的观念和意识形态而展开的。迈克尔·柯尔（Michael Cole）指出，西欧教育观念传入非洲，无形中迫使儿童自己成为思想家和权威，这实际上破坏了当地社会传统的权力结构。相比于其他人，也许正是柯尔，使我认识政治与教育之间的深刻联系。谁都不能改革教育而不使社会中的其他部分也同样受影响——如果变革起了作用的话（但这种变革时常由于轻率地陷入互相矛盾的文化观念的潮流而不起作用）。所以，当斗争遍及“形式多样化”的英国学校体制时，辩论的进行事实上只是间接地涉及教育，而远未直接地涉及英国的等级制度了。

特别在美国，将课程作为培养智力的手段的这种争论，很快就被另一事件所淹没。大约在 20 世纪 60 年代中期，深刻的社会力量在美国学校里引起意想不到的骚动。它们似乎出于同一根源：争取新的平等权利，争取重新给社会的性质下定义。攻击最初来自有抱负的美国黑人，他们要在美国生活中寻求合法的权利，包括接受最好教育的机会。由“不断上升的革命期望”所产生的普遍不满又因越南战争的动荡被多次放大。许多美国人在越南战争中发现了战争的惊人腐败和残忍，年轻人对此感受最为深刻。年轻人第一次感觉到，他们必须自行承担职责。在 20 世纪 60 年代后期，的确还有其他一些因素导致年轻人脱离社会，脱离他们的学校——学校原是年轻人赖以最密切地接触社会的组成部分。在这样的道德危机的气氛当中，当呼吁教育要更为“适合”日益迫切之时，课程争论的意义也就黯然失色了。我不禁想起有一次我的朋友伊万·伊里奇（Ivan Illich）在那些黑暗而动荡的日子里来看望我，他当时确信：学校——给不公平社会生产“顺从的且有熟练技能的劳动力”的典型工具，是主要的奴役者。如《纽约时报》的弗雷德·赫钦格（Fred Hechinger）最近提出的，教育体制已变成攻击的靶子而不是要改善的手段了。

同时，我们正经历着另一次平衡的调整。詹姆斯·卡拉汉（James Callaghan）在牛津拉斯金学院（Ruskin College，Oxford）的讲话是格拉斯顿（W. E. Gladstone）以来首相关于教育事务的第一次声明。尼维尔·贝内特（Neville Bennett）的《教学风格与小学生的进步》（*Teaching Styles and Pupil Progress*）已重新开展了关于怎样想象教师作用的讨论，而英国则声言，即将发动一次讨论全国课程的全国性辩论。但是，人们最好不要妄测教育的辩论将由何机构领导。那本书没有提到退学，即使发觉脱离社会和学校的问题，也很少提到，而且没有企图废除正规学校教育的嫌疑。

现在，让我谈谈本书涉及的不断变化的知识界这件不那么世俗的事情吧。我在写本书时，想到乔治·米勒（George Miller）提请我注意的乔姆斯基新版的《句法结构》（*Syntactic Structure*），记得当时以激动的心情获悉他强烈反对限定形式的语法，通过援引句子中前后字词的连锁形式试图去解释语言中的顺序。他坚持证明，说话者要说出完美无瑕的句子，就必须从总体上领会句子的形式和转换法则（或理解像你刚才说得那么完整的那些句子）。像语言的法则以诸如次序、替代、调换等直观的、简单的概念作为基础一样，对任何学科的深刻理解也是有赖于诸如原因与效果、传递性以及等量这样一些直观的、简单的概念。此外，还有另一些道理。乔姆斯基的形式论（formalism），像皮亚杰的一样，已经越来越缺乏吸引力。他们俩都被那种开创他们事业的机能性关系——推动或激发智慧活动的适应“理由”——冲昏了头脑。近年来，“讲话表演”理论的出现，又使语言学带有机能主义的色彩——约翰·奥斯汀（John Austin）的《怎样用词来做事》（*How to Do Things with Words*）较之《教育过程》迟一年出版，它在实用语言学上的强烈影响直到现在才开始被充分觉察。在日内瓦，巴比尔·英海尔德（Barbel Inhelder）研究了使假设变得易于改变的条件。她的新发现完善了皮亚杰的形式论。在认知发展方面以及早期的语言获得方面，我本人的工作也推动我去研究机能在形成心理与语言结构法则上所起的作用。

我的确感到本书所记录的教育学的讨论几乎是不切实际的空想。我得出这个结论，一方面是基于下面将谈到的事情，另一方面是基于我本人在早期进行问题解决和语言获得方面有关“成人教育”的性质的研究。关于问题的解决，要求“教师”进行大量的熟练活动，使学生能够依靠自己去发现——布置课题所采取的方式要保证将儿童力所能及的那部分课题保留下来，先不进行解答，还要了解在解法中哪些原理是能被儿童认识的，尽管这些儿童还不会应用它们。对于语言的获得，也是如此。由于在辅助学习的一切形式中，它多数依赖参与由成年伙伴仔细安排的对话，因而，这种学习完全取决于对达成共同注意的需要，对联合处理事务的需要，对尊重师生之间的友好关系的需要，对形成社交过程中习惯于说真话、有分寸乃至措辞巧妙的需要。忽视学习的这种机能性情境，不论它的内容是什么，都只会使它干瘪得像个木乃伊。

所以，在 1960 年，知识的结构性观点，特别就教育问题而言，似乎不是美国思潮的主流，但事实上不是这样的。的确，目前在修正那些几乎已成为“确定的”的观点中，机能和动机的考虑好像处于更主要的地位。

最后，让我谈谈与我写本书一直有关的最后一件事：课程的编制。不论谁，只要从事过这样一项工作，就很可能学到许多东西。碰到好运气，他还会学到一件大事情。一门课程对教师比对学生更有意义。如果这门课程不能改变、鼓励、困扰以及启发教师，那它对他们所教的学生将不会产生影响。供教师教学用的课程必须是一流的。如果它对学生有什么影响，那么它势必凭借对教师已经产生的影响而表现出来。说一门很精练的课程就是为了把一种知识体系教给不谙世故的学生而试行的“教师—证明”的形式，那是无稽之谈。《教育过程》一书，就教育的过程来说，只是一本书的一部分，因为它大量谈到的是学生和他们的学习过程。也许不会让人惊奇，紧接着的下一本书，是《教学论探讨》。

说了这么多之后，我有义务回答：既然像我所承认的那样，我已为写好本书的第二版作了许多考虑，那么为什么又没有及时把它写出来呢？我认为，那是不可能写出来的。不管是好是坏，本书是它的时代、地域和环境的产物。它使我心里产生变化，正是由于它已经写成并公之于世，这些变化已在我晚些时候写的书中记录下来了［在杰里米·安格林（Jeremy Anglin）的集子《在已知信息之外》（*Beyond the Information Given*）中可以找到它的样本，内有他对 1960 年以来那项工作的进程所作的精彩评论］。

最后，我要对哈佛大学出版社表示感谢。感谢它使这本小册子盛行了这么多年，感谢它给我这个机会就这个时期所发生的事情说几句话。

杰罗姆·S. 布鲁纳

1977 年 1 月于英国牛津

原　　序

1959 年 9 月，35 位科学家、学者和教育家集会于科德角的伍兹霍尔，讨论怎样可以改进我们中小学的自然科学教育问题。这个十天的会议是由全国科学院召集的。几年来，全国科学院一直在通过它的教育委员会考察在美国改善科学知识的传播的长期课题。其目的不是要制订一个紧急计划，而是要考察为了把科学知识和科学方法教给青年学生所牵涉的基本程序。其目的也不是为科学界罗致有才能的美国青年，虽然这样的结果是我们所渴望的。更确切地说，促成这个会议的，乃是确信我们正处在关心建立科学教育的课程和教学方法并取得新进展时期的开始阶段，确信为了更好地指导未来的发展，需要对这个进展和关心作出总体评价。

很多处于领导地位的物理学家、数学家、生物学家和化学家已经在课程设计方面开始了主要的工作，在科学的其他领域中，希望有类似的计划。国内一些新事物正在兴起。如果在 1959 年的夏季周游全国，你会发现：在科罗拉多州的博尔德集中了杰出的数学家，为小学、初中和高中编写新的教科书；在堪萨斯城，一批第一流的生物学家忙于摄制用于十年级生物学课程中以细胞结构和光合作用为主题的影片；在伊利诺伊州的厄巴纳，正在进行对小学儿童教授基本数学概念的紧张工作；在帕洛阿尔托，一位数理逻辑学家正在试用教小学低年级儿童几何学的教材；在马萨诸塞州的坎布里奇，为高中学生编写“理想的”物理学课程的工作也正在进行，参加工作的不仅有教科书作者和电影制片人，还有在理论和实验物理学方面获得世界声望的人，而在全国各个中心，正在由试教过这门新物理学课程的人培训教师如何去教这门课程；在博尔德，正在进行初中生物学课程的准备工作；在俄勒冈州的波特兰，一批化学家也在他们的领域从事同样的工作；各学术团体正在探索和发现在这些团体中处于领导地位的学者和学校的教育家之间建立接触的方式；在教育家和心理学家方面，他们正在重新研究教学方法和课程的本质，并且越来越有准备地去探讨新的教学途径。对局势做一个全面评价的时机的确成熟了。

在科学教育和研究方面负有这样或那样责任的各种组织，也已经达到需要把进展和前景来个总考察的阶段。全国科学院和美国科学促进协会、纽约卡内基公司一样，对如何促进在大学的科学家和在中学担任教学工作的科学家之间更密切的联系，进行了许多讨论。这些组织在计划召开这个会议期间，提供了很多意见。全国科学基金会已经采取行动：主要通过它的财政补助和道义支持，使上面谈到的各种课程设计得以进行。它和联邦教育局、空军以及兰德公司一样，也对伍兹霍尔会议提供了财政支持。

这次会议的人员组成（名单列在本书正文前面）是很特别的。前面谈到的课程设计，事实上全部都是那些曾经参与编写教科书、教授新课程或准备新课程或其他资料的科学家所建议的。此外，还有一些心理学家，他们曾把他们研究生活的主要部分，花费在考察智力、学习、记忆、思维和动机上。看来好像奇怪，把心理学家和居领导地位的科学家聚在一起来讨论他们各自学科的教学问题，这还是第一次。与会的心理学家们持有广泛不同的观点——行为主义观点、格式塔理论观点、心理测量观点、日内瓦学派观点等等。然而这些差异，在他们所遇到的问题面前，就显得不那么突出了。会议因有专业教育家（教师、院长、视听法专家）代表出席而变得更加活跃。最后，与会成员之中还有两位历史学家。在计划召开会议时，我们的信念是，仅仅局限于自然科学的教学是不明智的，最后的课题会比自然科学的教学范围更大，而且把教授自然科学所牵涉的问题同像在历史学这样比较人文的学科中的问题比较一下，将有利于对问题的考察。结果证明这个信念是正确的，我们的历史学家对会议的进行作出了很大的贡献。

伍兹霍尔会议的形式有助于说明本书是怎样产生的。会议开始前的几天日程很紧凑，对各方面的课程设计的工作进展作一系列的报告并加以评价。这些方面是：中小学数学研究小组、伊利诺伊大学中小学数学委员会、伊利诺伊大学算术设计小组、明尼苏达中小学数学中心、生物科学课程研究小组以及物理科学研究委员会。此外，还作了有关美国史课程要求的深入研究报告。我们花了一些时间审查一些最近的关于教育成果的研究。理查德·萨溪曼博士放映了关于怎样可以教育儿童去表述所探索的问题的“伊利诺伊调查训练研究”演示影片，巴贝尔·英海尔德博士也放映了日内瓦小组最近关于年幼儿童思维过程的研究工作的演示影片。的确，为了避免会议离开教学相关的直接课题太远，我们花了一个下午举行了一次伊利诺伊算术设计小组所采用的技术的示范教学，由组长戴维·佩奇博士担任教师。哈佛大学的 B. F. 斯金纳教授示范操纵教学机器，他的演示引起了活跃的、有时是激烈的讨论。那几天晚上，人们可以通过观看生物学和物理学方面的教育电影来放松。时间安排得很紧。

会议开幕后几天，与会成员分成五个工作组进行讨论：第一组讨论“课程设计的程序”，第二组讨论“教学的辅助工具”，第三组讨论“学习的动机”，第四组讨论“直觉在学习和思维中的作用”，第五组讨论“学习中的认知过程”。[①] 会议的下半段差不多全都用于这些工作组的活动。每组准备了一个长篇报告，各组报告准备好以后，就提交会议讨论。由于各工作组对于主要论点意见相当一致，所以全体会议更多地致力于问题的讨论，并未花费气力使整个会议达成一致的意见。这就是本书的由来。

显然，各工作组的报告准备时间比较紧迫，并且是为了供大家讨论的，报告的复本可向华盛顿全国科学院索取。这些报告并不打算作为最后的声明或宣言。此外，在这些报告内，并且在整个会议中，都一再发生某些争论。但如果这35位精神饱满的专家因为要对最后报告的内容达成一致的意见而坠入折中的迷雾，看不到这些争论，那就真是太可惜了。

然后，由会议主席来准备主席报告——只能有选择地叙述那些他认为重要的论题、主要的推测以及已达成的最引人注意的试探性结论。严格地说，作为主席，我主要应该对本书的内容负责，无论我作了多大的努力来反映我的同事们的观点。因此，在起草现在这个文件时，我充分地采用了工作组所准备的报告和在全体会议上所作的记录。在准备印发报告初稿时，我特别依靠会议的两位成员，麻省理工学院的弗朗西斯·弗里德曼教授和哈佛大学的理查德·阿尔珀特博士，他们不但帮助我准备报告提纲，而且帮助我酝酿和整理

---

① 各工作组的参加人员如下：“课程设计的程序”组有约翰·布卢姆、吉尔伯特·芬利、阿诺德·格罗勃曼、罗伯特·S. 莫里森、威廉·C. H. 普伦蒂斯、赫伯特·E. 沃恩，“教学的辅助工具”组有C. 雷·卡彭特、约翰·B. 卡罗尔、约翰·H. 费希尔、约翰·弗洛里、H. 本特利·格拉斯、唐纳德·泰勒、唐·威廉斯，“学习的动机”组有理查德·阿尔珀特、李·J. 克龙巴赫、约翰·F. 拉蒂默、理查德·皮特斯、保罗·C. 罗森布洛姆、肯尼思·W. 斯彭斯，“直觉在学习和思维中的作用”组有亨利·昌西、罗伯特·M. 加尼、拉尔夫·杰勒德、乔治·A. 米勒、杰罗尔德·扎卡赖亚斯，“学习中的认知过程”组有爱德华·G. 贝格尔、杰罗姆·S. 布鲁纳、唐纳德·科尔、弗郎西斯·L. 弗里德曼、巴贝尔·英海尔德、戴维·L. 佩奇、H. 伯尔·斯坦巴克。有一个执行委员会负责协调会议的工作。执行委员会成员为爱德华·G. 贝格尔、约翰·布卢姆、亨利·昌西、李·J. 克龙巴赫、弗朗西斯·L. 弗里德曼、阿诺德·格罗勃曼、兰德尔·M. 惠利和杰罗姆·S. 布鲁纳（主席）。

提纲中所包含的一些观点。主席报告初稿完成以后，曾印发与会的全体成员征求意见。有几位同事写了详细的评论，而事实上所有与会人员都在页边上写了意见。有补充说明的，有对零星之处表示不同意见的，有表示肯定的，有要求对问题作更极端的陈述或对此持谨慎态度的，少数人对被遗漏的观点表示抱怨，有些人对我们回顾的被包含进来或增添的思想表示不满。有一篇长的评论坚持说，皮亚杰关于由前运算阶段思维到运算阶段思维的转化的观点在报告中过于突出。另一篇评论则批评报告的初稿太不关注教学辅助工具的问题，忽视了我们视听教具专家们的意见，那些专家们曾极力主张需要有一种“平衡的教具系统”，这种系统是由经过良好试验的装置组成的。结果，关于教学辅助工具的那一章篇幅增加了，虽然“平衡系统”理论的地位仅次于在我看来似乎是讨论中最普通的一个观点：教学辅助工具是帮助达到教育目标的工具，决定平衡的是这些目标而不是辅助工具本身。

总之，与会者的批评，对最后定稿帮助很大，虽然在修改定稿中，仍旧没有企图寻求意见一致。更准确地说，下面的文章构成我对“会议意义”的看法，并且不可避免地反映我对工作的成见和偏爱。同时，本书也代表着会议外所产生的一些观点和会议后频繁通信中的观点。

会议开幕后的冬天，在准备定稿时，和伍兹霍尔会议的同事们的有益讨论使我获益匪浅。在伊利诺伊州的厄巴纳，对定稿进行了也许是最彻底的一次审查。在那里，李•克龙巴赫、吉尔伯特•芬利、戴维•佩奇和我一起，对经过几个月的通信和交换草稿而未决之处进行了一次紧张的讨论。在坎布里奇，我和在哈佛大学的两位同事——理查德•阿尔珀特和乔治•米勒，以及和麻省理工学院的弗朗西斯•弗里德曼和杰罗尔德•扎卡赖亚斯继续进行讨论，这对我也很有助益。两位与初等教育和中等教育有着密切关系而没有出席伍兹霍尔会议的人，保罗•布兰德温先生和爱德华•约曼斯先生，也看了原稿并且提了意见。

在这样一项共同合作的事业中，有很多人我应当特别感谢。首先要感谢的是那位不仅提出召开这次会议的建议，而且以他智慧的劳动不遗余力地致力于会议的召开。美国全国科学院教育处处长兰德尔·惠利博士提出了召开这次会议的建议，安排会议的经费和开会地点，协助罗致出席会议的人员，而且负责保持会议程序的有效进行。惠利博士是从普渡大学请假到全国科学院工作的，他现在已回到普渡大学担任理学院副院长。会议本身，由于工作人员艰苦细致的工作而得以顺利进行，工作人员中包括哈佛大学的埃莉诺·霍兰女士、全国科学院的伊丽莎白·拉姆齐女士、洛克菲勒基金会的米尔德里德·朗西曼女士和麻省理工学院的玛格丽特·盖藏女士。全国科学院的罗伯特·格林先生迅速做好了无数烦琐的工作。例如，安排车辆到科德角去迎接因天气原因可能导致飞机延误的会议出席人员。再比如，争取让孩子们来参加一堂算术示范教学课。最后，对退役的 B. 范马特海军少将和伍兹霍尔的工作人员给我们的许多善意协助表达我们的谢意。我们住宿在全国科学院设在伍兹霍尔的夏令办事处，范马特海军少将是一位最得力的总务长。

对哈佛大学代表全国科学院处理会议的很多财务工作，特别是对具有非凡行政才能和幽默感的哈佛科学研究合同处处长理查德·普拉特先生，我也想表示我的谢意。

会议中和会议后涌现的许多观点和教育思想史有着悠久和光荣的联系。我作为会议的主席和这个报告的作者，对书中缺乏参考图书索引表示歉意。我们的思想显然受到与这个题目有关的文献的影响和帮助，而且是大量的文献。写这本书时，我不曾试图指出这些思想的来源，这个任务更适宜于由更有学术性的书来担负。一本用真知卓识汇编的论著选，即罗伯特·乌利希教授主编的《三千年教育名著选》(1959 年版)，就是这样的书。

最后，感谢哈佛大学出版社对本书的重视并使其迅速面世。

杰罗姆•S. 布鲁纳

1960 年 5 月于马萨诸塞州坎布里奇

伍兹霍尔会议出席人员名单

卡尔·艾伦多弗博士　华盛顿大学　数学
理查德·阿尔珀特博士　哈佛大学　心理学
爱德华·贝格尔博士　耶鲁大学　数学
约翰·布卢姆博士　耶鲁大学　历史学
杰罗姆·S. 布鲁纳博士　会议主席　哈佛大学　心理学
C. 雷·卡彭特博士　宾夕法尼亚州立大学　心理学
约翰·B. 卡罗尔博士　哈佛大学　教育学
亨利·昌西博士　教育测验服务处　教育学
唐纳德·科尔先生　菲利普斯·埃克塞特学院　历史学
李·克龙巴赫博士　伊利诺伊大学　心理学
吉尔伯特·芬利先生　伊利诺伊大学　物理学
约翰·H. 费希尔博士　哥伦比亚大学师范学院　教育学
约翰·弗洛里先生　柯达公司　电影摄制
弗朗西斯·L. 弗里德曼博士　麻省理工学院　物理学
罗伯特·M. 加尼博士　普林斯顿大学　心理学
拉尔夫·杰勒德博士　密歇根大学　生物学
H. 本特利·格拉斯博士　约翰斯·霍普金斯大学　生物学
阿诺德·格罗勃曼博士　美国生物科学研究所　生物学
托马斯·S. 霍尔博士　华盛顿大学　生物学
巴贝尔·英海尔德博士　日内瓦卢梭学院　心理学
约翰·F. 拉蒂默博士　华盛顿大学　古典文学

乔治·A. 米勒博士　哈佛大学　心理学
罗伯特·S. 莫里森博士　洛克菲勒基金会　医学
戴维·L. 佩奇博士　伊利诺伊大学　数学
理查德·皮特斯先生　安多弗菲利普斯中学　数学
威廉·C. H. 普伦蒂斯博士　斯沃斯莫学院　心理学
保罗·C. 罗森布洛姆博士　明尼苏达大学　数学
肯尼思·W. 斯彭斯博士　艾奥瓦州立大学　心理学
H. 伯尔·斯坦巴克博士　芝加哥大学　生物学
唐纳德·泰勒博士　耶鲁大学　心理学
赫伯特·E. 沃恩博士　伊利诺伊大学　数学
兰德尔·M. 惠利博士　普渡大学　物理学
唐·威廉斯博士　堪萨斯大学　电影摄制
杰罗尔德·扎卡赖亚斯博士　麻省理工学院　物理学

一　引　　论

每一代人对于如何设计他这一代人的教育，都有一种新的愿望。正在形成作为我们这一代标志的，可能是广泛重新出现的对教育质量和智育目标的关切，但又不放弃教育应作为促进民主社会里公民平衡发展的手段的理想。说实话，我们美国的公共教育已达到这样的水平，能使我国人口中相当一部分人对直到最近只被专家们关心的问题产生兴趣，这些问题是："我们将教些什么？达到什么目的？"这种新的精神或许也反映着我们这个时代深刻的科学革命。这一趋势的加强是由于国家安全中几乎必然长期存在的危机，而这种危机的解决有赖于受过良好教育的公民。

这种对教育质量和智育目标重新出现的关切的一个表现，就是中小学的课程设计。这项工作在几个方面取得了显著的进展。许多大学的学者、科学家和在各自学科里作出卓越成绩的知名人士，空前规模地参与到课程的开发工作中来了。他们为中小学准备的教程，不但反映了自然科学和学术上的新成就，而且也体现了对教育工作性质的大胆设想，其中最完善的一门课程，恐怕要算物理科学研究委员会给中学生准备的物理学课程，这门课程的教科书、实验室实验、影片和专门的教学手册都已经配备好，甚至训练教师用的教程也都已准备齐全。大约有 25 000 名中学生在学习这门课程，课程效果目前正在研究。在中小学数学研究小组、数学委员会、伊利诺伊大学中小学数学委员会以及其他团体的指导下，数学领域也有类似的计划。生物学课程研究小组正在编写中学生物学教程。在化学和其他领域里也在进行类似的工作。

这项工作的主要目的在于编写出有效的教材——既重视内容范围，又重视结构体系的教材。在这项工作中所表现出来的大胆和想象，以及它初步取得的非凡成果，激励了关心学习本质和知识传授的心理学家们。伍兹霍尔会议召开的背景和进程已在序言中叙述过了，这次会议就是对这种激励的一次反馈。物理学家、生物学家、数学家、历史学家、教育家和心理学家聚集一堂，重新考察学习过程的本质及其与教育的关系，并且考察当前课程研究对我们的学习和教学概念提出了哪些新的问题。我们将教些什么？什么时候教？怎样教？哪种研究与调查可能促进课程设计工作的不断发展？强调学科的结构（数学也好，历史也好），以便尽快地使学生理解一门学科的基本思想，其作用是什么？

在了解变动着的教育舞台上课程工作方面目前所做努力的意义之前，需要谈一下历史背景。在过去半个世纪里，美国大学、研究院兴起，非常强调高深的学习和研究。这导致了一流学者和科学家们的研究同中小学各门学科的教学，甚至同大学生的基础课程的教学日益脱节的现象。中小学学生同学术新领域科学家的主要接触，是经由像密立根①这样著名的科学家或者像比尔德②和康马杰③这些有声望的历史学家偶尔给中学编写的教科书来达到的。然而，虽然站在学术前沿的学者能对各自从事的学术领域的实质性改革做出极大的贡献，但他们通常都不参与中小学课程的发展工作。结果，中小学课程通常未能充分或不正确地利用当代的知识，我们也无法从杰出的学者、聪明而熟练的教师以及教学领域的专业人士三方面的共同努力中获得好处。现在，这种趋势似乎颠倒了过来。美国许多最有声望的科学家重新投入到他们各自领域里中

---

① 罗伯特•安德鲁斯•密立根（Robert Andrews Millikan，1868—1953），美国物理学家，1923 年诺贝尔物理学奖金获得者。——译者注

② 查尔斯•奥斯汀•比尔德（Charles Austin Beard，1874—1948），美国历史学家。——译者注

③ 亨利•斯蒂尔•康马杰（Henry Steele Commager，1902—1998），美国历史学家、教育工作者。——译者注

小学课程设计、教科书筹备和实验演示、影片与电视节目制作等工作中来了。

在过去的半个世纪里，美国心理学关注的重点也不再是对学校学习本质的研究。学习心理学倾向于研究高度简化的短期效果中的精确细节，因而大大失去了和学习的长期教育效能的关联性。至于教育心理学家，他们非常有效地把注意力转移到研究能力倾向和成就以及教育的社会方面和动机方面。可是，他们自己不直接关心课堂活动的智育结构。

还有别的因素促使心理学家忽视课程问题。美国教育哲学理念不断变化对这件事情上同样有影响。在我们的教育理想中总是存在着二元论，总是在本杰明•富兰克林所谓“有用的”（useful）知识和“装饰的”（ornamental）知识之间追求平衡。富兰克林在 18 世纪中叶提出：“如果能把一切有用的知识和一切供装饰用的知识都教给学生，该多么好啊！可惜知识是无穷的，而学生的时间却是有限的。因此应该向他们建议，要学习那些多半是最有用的和最具装饰性的知识。”富兰克林所谓“有用的”和往后美国教育理想中涉及的“有用的”这个概念，具有双重意义：一方面，它含有特种技能（skills）之意；另一方面，它是指一般理解力（general understanding）。一般理解力可以使人们把生活事务处理得更好一些，技能与个人的职业直接相关。早在 18 世纪 50 年代，我们就发现，富兰克林力劝未来的商人接受法文、德文和西班牙文的教育，并鼓励学生接受农业教育，参与参观农庄等活动。一般理解力是通过历史知识和学科知识获得的，这些知识来自对数学和逻辑学的努力学习以及对周围的自然界的仔细观察。它要求有一个训练有素和丰富知识的头脑。

美国的中等学校试图实现有用性的两个概念间的平衡，同时也相当重视装饰性知识。但因中等学校注册人数的比例增大，学校总人数中新美国人的比例上升，所以教授有用的技能和教授规定的理解力间的平衡也就更难维持。科南特博士①为综合性中学辩护便是针对那种平衡问题提出的。

在 19 世纪末，心理学所描述的学习过程这个概念，逐渐从强调一般理解的产生转移到强调特殊技能的获得，这是耐人寻味的。关于“迁移”（transfer）的研究提供了典型事例——关于从掌握某一特殊学习任务中所取得的成果对其他活动的掌握有所裨益这一课题。早期的研究工作，着重研究形式训练（formal discipline）的迁移，即研究从分析、判断、记忆等这些“官能”（faculties）的训练中所获得的价值，而后来的工作则倾向于探究相同因素或特殊技能的迁移。因此，20 世纪前 40 年，美国心理学家较少从事那种能训练学生掌握复杂知识的基本结构或意义的研究工作。实际上，关于学习和迁移的本质，近 20 年的全部实验证据已经表明，虽然原始的形式训练理论是拙劣地依据官能训练来说明的，但适当的学习能造成大量普遍的迁移，甚至达到如此程度，即在最适宜条件下进行恰当的学习可使人“学会怎样去学习”，这确实是事实。这些研究重新激起人们对学校里的复杂学习——试图对教材结构产生一般理解力的学习——的兴趣。结果，研究学习过程的心理学家再度产生了对一般课程问题的兴趣。

学科的结构是什么意思，在这里需要稍微详细地解释一下，因为后文我们需要再回到这个概念上来。我们利用生物学、数学和语言学习中三个简单的例子，来把这个概念解释得更清楚些。先以对尺蠖爬行的观察为例。将坐标纸贴在平板上，让尺蠖在坐标纸上爬行。当平板的位置水平时，尺蠖沿垂直线前进。当我们把平板向上倾斜 30 度时，可以看到，尺蠖不是向上直走而是沿着与垂直线成 45 度角的方向前进。然后，我们再把平板倾斜到 60 度，尺蠖会沿

① 詹姆斯·布赖恩特·科南特（James Bryant Conant，1893—1978），美国教育家，1933—1953 年任美国哈佛大学校长。——译者注

着与垂直线成什么角度的方向行进呢？比如说，它沿着与垂直线成75度角的路线行进。根据这两个测定，我们可以推断，尺蠖如果不得不向上爬的话，它“情愿”沿15度的倾斜面行进。我们在生物学上，已经发现了“向性”这个东西，实际就是向地性。这不是个孤立的事实。我们能够继续证明，在低级生物中，这种遵照固定的准则来调整运动的现象是一个规律。低级生物趋向于喜爱某种光度、咸度、温度等。学生一旦领悟了这个介于外界刺激与行动之间的基本关系，他就能很好地掌握许许多多看似生疏但实际密切关联的知识了。蝗虫被迫成群飞行的时候，它们飞行的密度是由温度决定的。不同海拔山区各种昆虫物种维持稳定，是由于每种昆虫只在它喜爱的氧气浓度区域飞行，这种倾向阻碍了它们之间的杂交。这些现象以及许多其他生物学的现象，都能根据向性来理解。掌握事物的结构，就是以允许很多别的东西与它有意义地联系起来的方式去理解它。简单地说，学习结构就是学习事物是怎样相互关联的。

可以更简要地从数学中举一个例子。代数就是把已知数同未知数用方程式连接起来，使得未知数成为可知的一种方法。解这些方程式涉及的三个基本法则是交换律、分配律和结合律。学生一旦掌握了这三个基本法则所体现的思想，他就能认识到，要解的“新”方程式完全不是新的，它不过是一个熟悉的题目的变形罢了。就迁移来说，相对于是否能够应用它们来说，学生是否知道这些运算法的正式名称是次要的。

学习结构经常是无意识的。这个性质也许能在人们学习本族语中得到最好的说明。儿童在掌握了一句话的微妙结构之后，他就能根据这个句型，很快地学会说出许多其他语句，虽然在内容上与原来所学语句不同。再者，如果儿童掌握了变换句型而不改变句子意义的规则，例如“狗咬人”与“人被狗咬”的句型不同，但意义一样，他就能更广泛地变换他的语句了。但是，尽管儿童有使用语言结构规则的能力，他们肯定还不能说出这些规则是什么。

编制物理学和数学课程的科学家们已经非常注意教授这些学科的结构的问题，他们早期的成功，可能就是由于对结构的强调。他们强调结构，刺激了研究学习过程的人。读者会发现，后文多次反映了对学科结构的强调。

显然，人们先要正视一般的问题，然后才能考虑课程、顺序等特殊问题。任何人只要开始提及关于各专门课程的价值问题，他就是在问关于教育的目标问题。课程建设是在这样一个世界中进行的，在那里，变动着的社会、文化和政治情况不断地改变着学校和学生的周围环境，改变着学校和学生的目标。我们关心的是，为美国人，为他们在复杂世界上的生活方式和需要而设计的课程。美国人是一个充满变动的民族；他们在地理上的流动性，迫切需要在中学和小学里有一定程度的一致性。可是，美国社会和美国生活的多样性，大体说来，又同样迫切需要课程具有一定程度的多样性。同时，不管多样性和一致性对教育的规定是什么，教育还要满足生产力的要求：我们是否生产了足够多的学者、科学家、诗人、法官来满足我们时代的需要？再者，如果学校履行它们为民主社会的生活和良好的家庭生活作准备的教育职能的话，它们还应致力于儿童的社会和情感的发展。如果说后面讨论的主要是智育方面，这并不意味着教育的其他目标不那么重要。

我们也许可以把追求优异成绩作为教育的一般目标；但是，应该弄清楚追求优异成绩这个说法指的是什么。它在这里指的是，不仅要教育成绩优良的学生，而且也要帮助每个学生获得最好的智力发展。相比有天赋的学生来说，强调学科结构的良好教学，对能力较差的学生可能更有价值，因为最容易被质量差的教学抛弃的，正是能力较差的学生。这并不是说所有的学生需要同样的课程内容或进度——虽然，正像一位参加会议的成员指出的，“当你教得好时，总好像有百分之七十五的学生在中等水平以上似的”。仔细的调查研究会告诉我们，什么地方应该区别对待。有一件事情是清楚的：

如果促使所有的学生充分利用他们的智力，就将使我们这个处于科技和社会异常复杂时代的民主国家有更好的生存机会。

我们会发现，后面各章或多或少是在专门叙述数学和自然科学以及怎样把这些学科教得更好。这并不是因为我们更偏重自然科学和数学训练。说得更恰当一些，它是近十余年来历史发展中的一次偶然事件：仅仅因为有较多的机会来考察这些领域里的发展，因此在这些领域内曾经编出了大部分实验性课程。至于在社会科学、人文科学和语言教学诸方面，加倍的努力是不可缺少的。对一个新时代的人来说，通过历史和文学的研究所形成的悲剧意识和喜悦感，同通过物理学的研究所获得的对物质结构的理解相比较，是同样重要的。如果人文科学、社会科学以及自然科学都能够对教育新生一代做出它们自己的贡献，它们就都同样地需要创新性的努力，这一点该是再清楚不过了。

我们要从公立学校里成绩最好的四分之一学生中选拔出下一代知识界的领导人，可是这些学生恐怕直到最近还是最被我们学校忽视的一群人。自然科学和数学教学的改善，可能使天才生、中等生和迟钝生这三类学生在这些学科方面的已有差距变得更大。即使像现在这样的差距，已经导致了一些棘手的问题。一般来说，自然科学和数学的能力倾向，跟其他的智能相比，能够较早被发现。理想情况下，学校应允许学生尽可能快地学习各门学科。可是，一旦这样的安排成为可能，行政上所产生的问题显然超出了学校可用来处理这些问题的财力、物力。问题的答案或许在于：适当改变或废除某些学科（特别是数学）的分年级制度，同时充实其他学科的课程内容。关于为天才生充实课程内容和特殊处理的问题，无疑将说服比较开明、比较富裕的学校去改变当前的做法。可是，我们作为一个国家，当然不能允许由于地方财力的不足而限制了出生在比较贫困的市镇或地区的儿童的发展。

后面的章节将分别论述四个主题。第一个主题已经有所介绍：

结构在学习中的作用以及它怎样才能成为教学的中心。这方面的探索是有实际意义的。学生对所学材料的接受，必然是有限的。怎样能使这种接受在他们今后一生的思想中有价值？对这个问题的回答，在已经从事新课程的准备和教学的人们中间，占优势的观点是：不论我们选教什么学科，务必使学生理解该学科的基本结构。这是在运用知识方面的最低要求，这样才有助于学生解决在课堂外所遇到的问题和事件，或者日后课堂训练中所遇到的问题。经典的迁移问题的核心，与其说是单纯地掌握事实和技巧，不如说是教授和学习学科的基本结构。有很多事情属于这类学习，最重要的是，提供使人有可能主动地运用他所理解的材料的习惯和技能的帮助。如果先前的学习能使往后的学习更为容易的话，那就得提供一个一般的图景，借助这个图景，把先前与往后所遇到的事物之间的关系尽可能弄清楚。

虽然这个主题很重要，但关于如何有效地教授基本结构或者如何提供形成基本结构的学习条件等问题，还是了解得太少。在专门研究这个主题的那一章里，有许多地方讨论了如何达成这样的教和学的手段和方法，以及如何进行那些必要的研究工作，以帮助编制强调结构的课程。

第二个主题是关于学习的准备。过去十多年的经验表明一个事实：我们的学校也许以过分困难为理由，把许多重要学科的教学推迟，从而浪费了宝贵的时间。读者将会发现，在专门研究这个主题的那一章里，一开始就提出了这样的命题：任何学科的基本原理都可以用某种形式教给任何年龄的任何人。虽然这一命题最初似乎颇令人吃惊，但其意图则是要强调一下在设计课程时常常被忽视的一个重点。这就是，处于一切自然科学和数学的中心的基本观念以及赋予生命和文学以形式的基本课题，它们既是简单的，又是强有力的。要掌握这些基本观念，并有效地运用这些观念，就需不断地加深对它们的理解；而这种理解是通过在愈益复杂的形式中学习运用它们而获得的。只有当这些基本观念是用形式化的术语，如方程式或精心制造的言语性概念来表达时，它们才超越儿童力所能及的范围，倘若他事先从未直觉地理解过这些观念，也没有机会亲自尝试过它们的话。自然科学、数学、社会科学和文学的早期教学，在教学中所教的知识和所用的教学方法应该是经过慎重选择的、正确的，同时要强调观念的直觉理解以及这些基本观念的运用。在课程教学过程中，应反复回到这些基本观念，以这些观念为基础，直至学生掌握了与这些观念相适应的一整套体系为止。四年级学生能够玩受拓扑学和集合论原理指导的引人入胜的游戏，甚至会发现新的定理。他们能理解悲剧的观念和神话里描绘的基本的人类困境。但是，他们不能像成人一样，用正式的词语表达这些观念或运用这些观念。关于循环往复到达较高水平的“螺旋式课程”（spiral curriculum），很多情况有待研究，仍待回答的许多问题将在第三章进行讨论。

第三个主题讨论直觉的本质——研究不通过分析步骤而得出似乎是真实的却是试验性的公式的智力技巧，而这种公式要借助分析步骤才能发现其结论是否正确。直觉思维，即预感的训练，是正式的学术学科和日常生活中常被忽视而又重要的创造性思维的特征。敏锐的预测、丰富的假设和大胆迅速地做出的试验性结论，这些是从事任何一项工作的思想家极其珍贵的财富。我们能引导学生掌握这种天赋吗？

前面提到的三个主题都是以一个中心理念为前提的，这个中心理念就是：无论在哪里，在知识的前沿也好，在三年级的教室里也好，智力的活动都是一样的。一位科学家在他的书桌上或实验室里所做的，一位文学评论家在读一首诗时所做的，正像从事类似活动而想要获得理解的任何其他人所做的一样，都属于同一类活动。它们的差别，仅在程度而不在性质。学习物理学的小学生就是个物理学家嘛，而且对他来说，像物理学家那样来学习物理学，比起做别的什么来，较为容易。所谓“别的什么”（something else），通常指的是掌握伍兹霍尔会议上所称的“中间语言”（middle language），即掌握谈论某一知识领域的结论的课堂讨论和教科书，而不是集中于探求知识本身。要是用那样的方法来学习，那么中学物理学往往看来很不像物理学了，社会学科就远离通常所讨论的生活和社会问题了；同时，中小学的数学也失去同该学科的核心观念，即次序观念的联系了。

第四个主题讲到学习的欲望以及怎样才可以刺激这个欲望。按照理想，学习的最好刺激，乃是对所学材料的兴趣，而不是诸如等级或往后的竞争优势等外来目标。认为竞争的压力能有效地被消除，或者认为设法消除这些压力是明智的，尽管这种设想肯定是不现实的；然而，怎样能激起对学习本身的兴趣，这个问题却是值得考虑的。在伍兹霍尔会议上，还有许多关于怎样能够改善中小学学习气氛的讨论，范围涉及师资训练、学校考试的性质和课程质量等不同话题。第五章将专门讨论这一系列问题。

在伍兹霍尔会议上，相当多地讨论了教学装置：影片、电视、视听辅助器、教学机器以及教师在教学中可以采用的其他装置。可是，在这个问题上意见不完全一致。所有参加会议的人实际上都同意，教学的主导者是教师，而不是教学装置。不过，在怎样去帮助教师这一点上，存在着意见分歧。这里的分歧也许能够用比较重视教师本人，还是比较重视教师所能采用的教学辅助工具这句话来概括，尽管这种概括未免过于简单。这两种相反的意见，说得夸张一点便是：第一种意见认为，在如何讲述某一学科以及采用何种装置的问题上，教师必须是唯一的和最后的主宰者；第二种意见认为，教师应该是讲解员和注释者，去讲解和注释通过影片、电视和教学机器等装置而准备好的材料。前一种意见的含义在于：应该尽全力培养教师充分地掌握他所教学科的知识，从而使他能据此尽量完成好工作，与此同时，应该提供最好的资料，以便教师进行选择，编出符合教学大纲要求的讲义。后一种意见则是指，要大力准备影片、电视节目、教学机器等，并教会教师如何凭借他所掌握的有关学科的知识来使用这些装置。这场辩论是很激烈的，对教育哲学的含义也很重大，所以最后一章将专门讨论这个问题。

总体来说，我们将集中探讨四个主题和一个设想，即结构、准备、直觉和兴趣这四个主题，以及在教学工作中怎样最好地帮助教师这个设想。

二 结构的重要性

任何学习行为的首要目的，在于它将来能为我们服务，而不在于它可能带来的乐趣。学习不仅应该把我们带往某处，而且还应该让我们日后再继续前进时更为容易。学习通过两种方式为将来服务。一种方式是通过它对某些工作（这些工作同原先学做的工作十分相似）的特定适应性。心理学家把这种现象称为训练的特殊迁移，也许应该把这种现象称作习惯或联想的延伸。它的效用大致限于我们通常所讲的技能。已经学会怎样钉钉子，往后我们就更易学好钉平头钉或削木片。毫无疑问，学校里的学习使学生掌握了某种技能，这种技能以后可以迁移到校内和校外所遇到的活动中。先前学习使日后工作更为有效的第二种方式，则是通过所谓非特殊迁移，或者，说得更确切些，是原理和态度的迁移。这种迁移，从本质上说，一开始不是学习一种技能，而是学习一个一般观念，然后这个一般观念可以作为认识后续问题的基础，这些后续问题是开始所掌握的观念的特例。这种类型的迁移应该是教育过程的核心——用基本和一般的观念来不断扩大和加深知识。

由第二种类型的迁移即原理的迁移所产生的学习连续性，有赖于掌握前一章所讲的教材的结构。这就是说，为了能够认识某一观念对新情境的适用性或不适用性，从而拓展学识，一个人对他所研究的对象的一般性质必须心中有数。几乎可以肯定的是，他学到的观念越是根本或基础，则这些观念对新问题的适用性就越宽广。确实，这几乎是同义反复，因为“根本的”这个词，从这个意义上来理解，恰恰就是一个观念具有广泛而强大的适用性。学校课程和教学方法应该同所教学科里基本观念的教学密切结合起来。这样的说法简单明了，但是随之而来的问题却不少，其中多数只能靠大量的进一步的研究工作去解决。我们现在开始讨论这方面的一些问题。

首要和最明显的问题是怎样编制课程，使它既能由普通的教师教给普通的学生，同时又能清楚地反映各学术领域的基本原理。这个问题分两个部分：第一，怎样改革基础课和修改基础课的教材，赋予那些和基础课有关的普遍和强有力的观念和态度以中心地位。第二，怎样把这些教材分成不同的水平，使其与学校里不同年级、不同水平的学生的接受能力相匹配。

关于忠实于教材基本结构的课程的设计问题，过去几年的经验至少已使我们得出一个重要的经验，这个经验就是：必须使各学科的最优秀的人才参与到课程设计的工作中来。美国史这门学科应该给小学生教些什么或算术这门学科应该给他们教些什么，要靠该学术领域里有远见卓识和非凡能力的人士的帮助才能做出决断。代数的基本观念是以交换律、分配律和结合律的原理为基础的，这种判断必须是个能够评价并通晓数学原理的数学家做出的。当学龄儿童还不能分清美国历史的事实和趋势时，是否要求他们理解像弗雷德里克·杰克逊·特纳①的关于边疆在美国史上的作用的观念，这又是一个决断，它同样需要对美国历史有深刻理解的学者的帮助。在设计课程时，只有借助我们最优秀的人才，才能把学识和智慧的果实带给刚开始学习的学生。

这样，问题就来了："在设计小学和中学课程时怎样取得我们能力最卓越的学者和科学家的帮助?"答案早已知道，至少已经部分地知道。事实上，中小学数学研究小组、伊利诺伊大学的数学设计中心、物理科学研究委员会和生物科学课程研究小组已经得到各方面知名人士的帮助：他们通过暑期规划并给予某些有关的重要人员一年时间来进行这项工作。在这种规划工作中，他们还得到优秀

① 弗雷德里克·杰克逊·特纳（Frederiek Jackson Turner，1861—1932），美国历史学家，著有《美国历史上的边疆》（The Frontier in American History）等书。——译者注

的中小学教师的帮助。为了特殊目的，还得到了职业作家、电影制片人、设计师以及这一复杂事业所需要的其他人士的协助。

即使按照前面指出的方向进行大规模的课程改革，至少还有一个重要问题需要解决。掌握某一学术领域的基本观念，不但包括掌握一般原理，而且还包括培养对待学习和调查研究、对待推测和预感、对待独立解决难题的可能性的态度。正像物理学家对于自然界的基本秩序抱着确定的态度并深信这种秩序能够被发现那样，年轻的物理学学生，如果想把他的学习组织好，以至于所学到的东西在思想上发挥作用和有意义，也需要具备一些关于这些态度的正确见解。要在教学中培养这些态度，需要的就不仅仅是提出基本观念。靠什么来完成这样的教学任务呢？这需要做大量的研究工作才能知道。一个重要因素是对于发现的兴奋感，即由于发现观念间未曾认识的关系和相似性的规律而产生的对本身能力的自信感。曾经从事自然科学和数学课程设计工作的各方面人士，都极力主张在提出一个学科的基本结构时，以激起兴奋的顺序引导学生自己去发现它。

特别是，伊利诺伊大学的中小学数学委员会和算术设计中心已经强调了发现的重要性，把它作为教学的一种辅助手段。他们在积极地设计方法，以便让学生自己去发现蕴藏在某种特殊的数学运算中的通则。他们还将这种发现法同“断言和证明法”（method of assertion and proof）相对比。所谓“断言和证明法”，就是先由教师讲述，然后由学生加以证明，这样来找出通则。伊利诺伊小组曾经指出：由于发现法需要向学生提供他们必须学习的数学的全部内容，因而消耗的时间可能太多。在两者之间取得恰当的平衡并不容易，正在开展的研究就是为了阐明这个问题，尽管还需要更多的努力。归纳法对原理的教学来说是一种比较好的技巧吗？它对学生的思维有良好的效果吗？

哈佛认知设计中心（Harvard Cognition Project）就社会学科开展的一些实验说明，发现法未必只能在数学和物理学这样高度形式化的学科中使用。一个已经学习了东南各州的社会和经济地理这个传统单元的六年级实验班，开始学习北方中央地区，学生要在一幅绘着自然特征和天然资源但没有地名的地图上找出这个地区主要城市的位置。在随后的课堂讨论中，学生很快地提出了许多有关城市建设要求的看似合理的理论：一个是水运理论，把芝加哥设在三个湖的汇合处；一个是矿藏资源理论，把芝加哥设在默萨比山脉附近；一个是食品供应理论，把一个大城市设在艾奥瓦的肥沃土地上；等等。实验班在兴趣的浓厚程度和概念的完善程度方面都远远超过控制班。然而，最显著的则是儿童的态度。对他们来说，城市的位置第一次成了一个问题，并且是能够经过思考发现答案的问题。在研究一个问题时不仅会使人感到愉快和兴奋，而且，至少对于过去想当然地看待城市现象的市区儿童来说，这种发现是有价值的。

我们怎样安排基础知识才符合儿童的兴趣和能力呢？这个主题我们将在以后回过头来叙述。这里只需要简单谈一下。要在揭示自然现象或其他任何现象时，做到既是令人兴奋的、正确的，又是有益的、可以理解的，这就需要把深刻的理解同详细正确的陈述结合起来。例如，我们查阅了物理学的某些教材，发现其表述虽然非常详细而正确，但因为作者对他们所介绍的学科缺乏足够深入的理解，所以这样的教材还是失败的。

在解释潮汐性质的尝试中，可以发现一个恰当的例证。要大多数中学生解释潮汐现象，他们会说出月亮对地球表面的引力以及引力如何把海水拉向月亮一边，以至海水上涨出现涨潮。现在，问他们为什么在地球背着月亮的那一面也有小潮，他们几乎不能说出令人满意的答案。或者问他们：就地球和月亮的相对位置来看，什么地方会出现大潮？他们的回答常常是：在最接近月亮的地球表面某一点上。如果学生知道潮汐波峰来临时间推迟了，他通常不懂得为什么会这样。这两种情况下的失败在于，对引力如何作用于自由转动的弹性物体描述得不恰当，同时，没有把惯性观念和引力作用的观念联系起来。总之，在解释潮汐现象时缺乏一股由于领会了牛顿对万有引力及其作用方式的伟大发现而产生的兴奋感。正确而有启发性的说明，并不比部分正确因而过于复杂和过于拘束的解释更难理解，而是往往更加容易理解。实际上，所有一直在从事课程设计的人们都认为，教材编写的趣味性和正确性并不矛盾。其实，一个正确的概括说明常常是最能引起兴趣的。在前面的讨论中，至少有四个有助于教授学科基本结构的一般论点，这些论点需要进行详细的研究。

第一点是懂得基本原理可以使得学科更容易理解。我们在物理学和数学中，曾简要地说明了这个道理。不仅物理学和数学中是这样，而且社会学科和文学中也完全是这样。一个民族为了生存，必须进行贸易。只要抓住了这个基本观念，那么美洲殖民地三角贸易这个似乎特殊的现象就更容易理解：它不单纯是在违反英国贸易规定的氛围下进行糖浆、甘蔗、甜酒和奴隶的贸易。只有引导学生领会梅尔维尔①的小说是突出地以罪恶和追踪那条“要命的鲸鱼”的人的困境为主题的著作，才能使阅读《白鲸》的中学生更深入地理解这部小说。如果再进一步引导学生懂得小说所写的人类困境是相对有限的，他对文学的理解就会更好。

第二点与人类的记忆有关。关于人类记忆，经过一个世纪的充分研究，我们能够说的最基本的东西也许就是，如果记忆的细节没有被置于结构化的模型中，那么它们很快就会被遗忘。详细的信息是靠简化的表达方式保存在记忆里的。这些简化的表达方式，具有一种特性，可以称为“再生”（regenerative）特性。长期记忆所具有的这个再生的特性，能够在自然科学中找到好的例子。科学家不

① 赫尔曼·梅尔维尔（Herman Melville，1819—1891），美国作家，《白鲸》（Moby Dick 又译《莫贝·迪克》）是他最有名的一部小说。——译者注

去记忆落体在不同的重力场中不同的时间阶段内所通过的距离，而是记住一个公式，这个公式使他能够在不同的准确度上，再生出比较容易记得的公式所依据的细节。科学家牢记的是 $s=1/2gt^2$ 这个公式，而不是关于距离、时间和重力加速度的手册。同样，《吉姆爷》① 中评论员马洛所说的关于主人公困境的话，人们未必会去确切地记住，而是只记住他是个沉着的旁观者，是个试图理解而不能判断是什么曾把吉姆爷引入他所在的海峡的人。我们记忆公式，记忆那对事件具有意义的生动情节，记忆那代表一系列事件的平均数，记忆那保持本质的素描或图景——所有这一切都是简约和表达的技巧。学习普遍或基本的原理的目的，就在于保证记忆不至于全部丧失，而遗留下来的记忆将使我们在需要的时候得以把一件件事情重构起来。高明的理论不仅是现在用以理解现象的工具，而且是日后用以回忆那个现象的工具。

第三点，正如早些时候所指出的，领会基本的原理和观念，看来是通向适当的“训练迁移”的大道。把事物作为更普遍的事情的特例去理解——理解更基本的原理或结构的意义就在于此——不但必须学习特定的事物，而且必须学习一个模式，这个模式有助于理解可能遇见的其他类似的事物。如果学生完全能够从人性的角度领悟三十年战争结束时欧洲的对战争厌倦，能够领会签订那个可行但非意识形态绝对化的《威斯特伐利亚条约》的背景，他也许更能理解东方和西方之间意识形态的斗争——虽然这种比较绝不是确切的。一种精心形成的理解同样也应该使学生能认识概括的限度。把“原理”与“概念”作为迁移的基础这个观点并不是新的观点。非常需要更多的专门研究，以提供怎样在不同年级中最好地进行不同学科的教学的详尽知识。

---

①《吉姆爷》（*Lord Jim*）是英国作家约瑟夫·康拉德（Joseph Conrad，1857—1924）的一部小说。——译者注

经常反复审视中小学教材的基本特性，能够缩小“高级”知识和“初级”知识之间的差距。这是要在教学中强调结构和原理的第四个论点。现在由小学经中学以至大学的进程中所存在的部分困难，不是由于早期所学材料过时，就是由于它落后于该学科领域的发展太远而把人引入迷途。这个缺陷可以依靠在前面讨论中所提出的在教学中强调结构和原理的办法来弥补。

现在，研究一下在伍兹霍尔会议上讨论相当多的几个特殊问题。这些问题之一涉及“科学通论”（general science）这个复杂的论题。实际上，在各门自然科学中都有某种反复出现的观念。如果在一门学科中把这些观念学好了，通常就会使得在别的学科中以不同的形式再来学习它们时容易得多。不同的教师和科学家提出了这样的疑问：是否应该不使这些基本观念“孤立”起来，而要更明确地用使它们脱离特定的学科范围的方式来教。这类观点很容易解释，例如：分类法和它的用途，测量单位和它的发展，自然科学知识的间接性和给观念下操作性定义的必要性，等等。就最后一个例子来说，我们不能直接**看见**压力或化学键，只是凭一些测量去间接推断它们。量体温是这样，体会别人的忧虑也是这样。能不能在低年级就用各种具体实例把这些以及类似的观念有效地揭示出来，以便为学生后来在各种专门学科的学习中领会这些观念奠定较好的基础？把这样的“科学通论”当作高年级严密的科学入门来教是不是明智？为了以后比较容易学习，应该怎样教他们，我们又能合理地期望些什么？在这个有前途的课题上，需要进行许多研究工作，不仅要研究这样一种学习途径的用处，而且还要研究可能要教的普通科学观念的类别。

的确，很可能有某些对自然科学或文学的一般态度或一般方法可以在低年级教，而且与后来的学习有很大的关系。事物是互相联系的而不是孤立的这个看法就是一个适当的例子。人们确实能够在设计一些幼儿园游戏的时候，有意使儿童更加主动地察觉事物怎样互相影响或互相联系——这是对自然界和社会中事件多重决定论这个观念的一种入门学习。任何从事实践工作的科学家通常都能谈些思想方法或态度，那是他的职业的一部分。历史学家在他们自己的学科领域，相当广泛地论述了这个主题。文学家甚至发展了一类写作，谈论有助于提高对文学情趣和活力的感受性的形式。在数学中，这个主题有个正式名称——“启发”，用以说明解决较难问题的途径。有人很可能会主张，就像那些来自不同学科的人们在伍兹霍尔会议主张过的一样：应权衡什么样的态度或启发的方法最具普遍性和最有用；应该作一番努力，把初步的态度和启发的方法传授给学生，这种态度和启发的方法随着他们在学校的成长可能进一步提高。再者，读者将会意识到，主张这样一种学习方式有个前提，那就是假定一个学者在学科前沿所做的工作与儿童初次接触这个学科时所做的工作之间是有连续性的。这不是说这个任务是简单的，只是说它值得慎重地考虑和研究。

有的人反对教一般原理和一般态度。持这种观点的人，其主要论点也许是：第一，通过特殊来研究一般，也许更好；第二，使工作态度保持内隐比使它外显要更好。例如，生物学中关于有机体的主要概念之一，是一再提出的这样一个问题：“这个东西有什么功用?”这个问题是以凡是有机体中的东西都有某种功用，否则它大概不会继续存在这个假定为前提的。其他的一般观念都同这个问题有联系。生物学学得好的学生，知道把这个问题提得越来越细，并把越来越多的事物同它联系起来。下一步他就要问：某一特殊结构或过程根据有机体整体作用的需要，发挥什么功用？为了弄清楚功用的一般观念，他进行测量和分类。然后，他可能进一步依据更加广泛的功用观念来组织他的知识，从而注意到细胞结构或系谱比较。要学习一般概念的实用意义，可能需要用某一特殊学科的思想方式做背景；所以，给“功用”的意义作一个一般的介绍，可能比在生物学的范围内教它的效果还要差。

谈到“态度”教学，乃至谈到数学的启发教学，现有的论点是，如果学生过分注意自己的态度或学习途径，他就可能在学习中变得呆板，抑或投机取巧。还没有证据能证明这一点，在采取这个方法来教学以前，必须进行研究。在伊利诺伊，人们正在训练儿童，使之有更高的效能来提出一些关于物理现象的问题，但需要更多的知识，这个问题才能弄明白。

人们时常听说“行”与“知”之间的差别。例如，一个大体懂得了某一数学概念的学生，却不知道在计算中怎样运用它，就是这样的差别。尽管这个差别可能是个假象——因为，除了看到学生做什么，怎么能知道他懂得什么呢？——但这说明在教和学中所强调的东西是很不同的。这样，在关于解决难题的心理学的某些经典书籍（如马克斯·韦特默的《创造性思维》）中，在“机械练习”同“理解”之间就划了一道鸿沟。事实上，练习并不一定必须是机械的，而强调理解却可能引导学生巧于舌辩。中小学数学研究小组成员的经验指出，计算的实践可能是达到理解数学概念的必要步骤。同样，让中学生读不同作家的作品并进行对比，可能把文体的知识教给他，但是要他能够彻底通晓文体，只能靠他自己亲手用不同的文体动笔写作。实践能帮助人更好地理解，这句话是上实验课的根本前提。在伍兹霍尔会议上，一位心理学家的发言中有句名言：“在我意识到我要做什么之前，我怎么能知道我想什么呢?”这句话有一定道理。无论如何，这个差别对我们并没有很大帮助。更加中肯的问题是，在某一特定的领域里，哪种练习方法最可能给予学生精通教材的感觉。在数学各分支中，最有成效的计算习题是什么？努力模仿亨利·詹姆斯①的文体来写作，会使人特别通晓那个作家的文体吗？要理解这些，也许须从研究教学成功的教师所用过的方法开始。依据所汇集的资料，肯定能对教学技术问题，或者说对一

① 亨利·詹姆斯（Henry James，1843—1916），美国小说家。——译者注

般教授复杂知识的技术问题提出大量值得进行的实验研究项目。

最后，关于考试，需要说几句话。显然，如果考试强调的是学科的琐碎知识，那就不好。这样的考试会鼓励无连贯性的教授和机械式的学习。然而，往往被忽略的是，考试也能成为改进课程和教学的斗争中的辅助手段。不论考试是包含多项选择的“客观题”形式，还是论文形式，都能让其侧重于考查该学科的一般原理。的确，即使考查琐细的知识，也能要求学生理解具体事实之间的联系。国家的考试组织，如教育测验服务中心，目前正在共同努力去设计那些强调理解基本原理的考试。这样的努力能够有很大用处。还可以给地方学校系统提供另外的帮助：给他们编写一本方便使用的手册，手册中叙述了设计各式各样考试的方法。探索性的考试是不容易设计的，如果编写一本关于学科的有思想深度的手册，是会受到欢迎的。

下面简要地重述一下，这一章的主题是，一门学科的课程应建立在对这个学科的最基本的理解之上，这种理解可以通过构建学科基本结构的基本原理获得。教授专门的课题或技能而没有把它们在更广博的知识领域中的基本结构脉络弄清楚，这在某些深远的意义上来说，是低效的。第一，这样的教学，要使学生将学得的知识拓展到他后来将碰到的问题，将非常困难。第二，不能达到掌握一般原理的学习，从激发智慧的角度来说，不大有效果。使学生对一个学科产生兴趣的最好办法，是使这个学科值得学习，也就是使获得的知识能在超越原来学习情境的思维中运用。第三，获得的知识，如果没有充分的结构把它连在一起，那是一种多半会被遗忘的知识。一串不连贯的事实仅有短的可怜的记忆半衰期。根据可借以推断出事实的那些原理和观念来组织事实，是降低人类记忆丧失速率的唯一的已知方法。

按照反映知识领域基础结构的方式来设计课程，需要对该领域有极其根本的理解。没有最有才智的学者和科学家的积极参与，这一任务是不能完成的。过去几年的经验表明，这样的学者和科学家同有经验的教师以及研究儿童发展的学者一起工作，就能设计出我们曾经考虑的那种课程。如果要使我们教育实践中的改革足以应付我们现在生活中面临的科学和社会革命的挑战，需要在课程资料的实际准备、师资训练和支持研究工作等方面做出更多的努力。

怎样依照既有成效又有趣味的方式去教一般原理，其中的问题很多。几个主要问题已经评论过了。非常清楚的是，还要做很多工作去考察当前有效的教育实践，编制可以在实验基础上试行的课程，以及完成几种能够支持并指导改善教学的研究工作。

怎样使我们讨论中的那种课程可以适合于不同年龄儿童的智力？下一章我们转而论述这个问题。

三　学习的准备

我们一开始就提出这个假设：任何学科都能够用在智育上正确的形式有效地教给任何发展阶段的任何儿童。这是个大胆的假设，并且是思考课程本质的一个必要的假设。现有证据不仅与这个假设不矛盾，而且有大量证据证明了这一假设。

为了搞清楚其背后的意义，我们来考察一下三种普通的观念。第一种，涉及儿童智力发展的过程；第二种，涉及学习的行为；第三种，则和前面介绍过的“螺旋式课程”概念有关。

（一）智力的发展

儿童智力发展的研究强调了这个事实：在发展的每个阶段，儿童都有他自己观察世界和解释世界的独特方式。给任何特定年龄的儿童教某个学科，其任务都是按照这个年龄儿童观察事物的方式去阐述那门学科的结构。这个任务可以看作一种转化工作。刚才所说的一般假设是以深思熟虑的判断为前提的，即：任何观念都能够用学龄儿童的思想方式正确和有效地阐述出来；而且这些初次阐述过的观念，由于这种早期学习，在日后学起来会比较容易，也比较有效和精确。为了证明并支持这个观点，我们在这里稍微详细地描绘智力发展的过程，同时就儿童智力发展不同阶段的教学提一些建议。

皮亚杰和其他一些人的著作中提出，一般来说，儿童的智力发展可以划分为三个阶段。第一个阶段，不需要我们详述，因为这主要是学前儿童表现的特征。这个阶段，到五六岁为止（至少就瑞士的学龄儿童来说是如此的），儿童的脑力活动主要是建立经验和动作之间的联系。这个阶段大致相当于从语言的开始发展到儿童学会使用符号这段时期。在这个所谓前运算阶段，使用符号的主要成就是儿童学会怎样凭借由简单的概括而建立的符号去重现外部世界，而事物由于具有某些共同性质而被看成相同的。但是，在儿童的符号世界里，并未将内部动机和感情作为一方和外部现实作为另一方之间划分清楚。太阳转动，因为上帝在推它；星星也像自己那样不得不上床睡觉。儿童不大能够把他自己的目标和达到目标的手段区分开来。再者，在儿童应对现实的尝试失败后，就得纠正他的活动。这样的做法，与其说是依靠符号的运算，不如说是依靠那种所谓直观的调节。直观的调节不是进行思考的结果，而是一种粗糙的试错法。

这个发展阶段中所缺乏的，主要便是日内瓦学派所称的可逆性概念。当物体的形状改变了，例如，把一个黏土塑成的泥球形状改变一下，前运算期儿童无法理解可以立刻恢复球的原状的概念。由于缺乏这个基本概念，儿童就无法理解作为数学和物理学基础的某些基本观念，如数学的观念——即使当他把一组东西分成若干小组时，他仍保持了它们的数量；物理的观念——即使他改变了某物体的形状，他仍保持了它的质量。显然，教师向这个阶段的儿童传达概念受到很大限制，即使采用高度直观的方法也是这样。

发展的第二个阶段——此时儿童已经入学——称为具体运算阶段。这个阶段之所以叫作运算阶段，是同前一个阶段全是动作相比较而言的。运算是动作的一种形式：它得以实现，是直接依靠用手操作物体，或是在头脑内部操作头脑中代表事物或关系的那些符号。运算大体上是获取现实世界的资料并在头脑里加以改造的一种手段。由于这种改造，儿童才能在解决难题时有选择地组织和运用这些资料。假如给儿童看一架弹子机向墙壁射出一颗弹子，弹子以一定的角度反弹离开墙面。我们来研究一下儿童对于入射角和反射角的关系懂得多少吧。年幼儿童看不出问题：在他看来，弹子按弓形前进，途中碰到墙壁。稍大一些的儿童，就说十岁儿童吧，粗略地看到两者角度之间的关系——其中一个角度发生改变，另一个也跟着改变。更大一些的儿童，才开始掌握这两个角度之间有个固定的关系，而且常常认为是个直角。最后，十三四岁儿童常常看准机器直接向墙壁射出弹子，又看到射出的弹子向机器反弹回来，从而获得了入射角和反射角相等的观念。每一种观察现象的方式都表示在这个意义上运算的成果，同时，儿童的思维受他整合观察到的现象的方式的限制。

运算同简单动作或受目标指导的行为的区别在于，它是内化和可逆的。“内化的”（internalized）意味着儿童不再需要依靠公开地尝试错误来着手解决难题，而能够在头脑中尝试错误。可逆性出现了，因为，看来运算具有所谓“完全补偿”（complete compensation）的特色；也就是说，这种运算能够用逆运算作为补偿。例如，如果把弹子分成若干小堆，儿童能凭直觉懂得，再把这些小堆聚拢起来就可以恢复为原来那堆弹子。儿童在天平托盘上加一个砝码，致使天平盘倾斜得很厉害，他于是就有次序地寻找一个较轻的砝码，或其他东西，用它使天平重新平衡。儿童也可能把可逆性延伸得太远，例如，认为假设一张纸烧掉后，也能恢复原样。

由于到了具体运算阶段，儿童据以进行运算的内化结构就发展了。在天平的例子中，结构便是儿童头脑中所想的许多依次排列的砝码。这样的内部结构是关于本质的。它们是内化的符号系统，儿童据此重视这个世界，犹如弹子机及入射角和反射角这个例子。如果儿童需要掌握某些观念，一定要把这些观念转译成为内部结构的语言。

可是，具体运算尽管受类别逻辑和关系逻辑的指导，但它只是构思直接呈现在儿童面前的现实的一种手段。儿童能够赋予事物一定的结构，不过，他还不能轻易地处理那些不直接在他面前，或事前没有经历过的可能发生的事物。这不是说，儿童在进行具体运算时没有能力去处理不在眼前的事情。的确，儿童并不具备系统地想象在任何指定时间存在的、非常广泛的交替可能性的运算能力，不能有系统地超出所提供的知识范围去描述可能发生的其他情况。10—14 岁，儿童进入发展的第三个阶段，这便是日内瓦学派所谓的“形式运算”阶段（stage of “formal operations”）。

此时，儿童的智力活动好像是以一种根据假设性命题去运算的能力为基础，而不再局限于他经历过的或在他面前的事物。儿童能够想到可能发生的变化，甚至会推演出后来通过实验或观察得到证明的潜在关系。智力的运算似乎是根据像逻辑学家、科学家或抽象思想家所特有的那种逻辑运算来进行的。正是在此时，对于先前指引他解决难题但不能描述或无法正式理解的具体观念，儿童有能力进行正式的或公理式的表达。

在这之前，当儿童处在具体运算阶段时，他能够依靠直觉具体地掌握数学、自然科学、人文科学和社会科学的许多基本观念。可是，他能这样做，只是依据具体运算罢了。可以举例说明如下。五年级儿童能够仿照非常高级的数学规则玩数学游戏，真的，他们可以归纳得出这些规则，还学会怎样利用它们来玩游戏。然而，如果有谁硬要他们对他们已经在玩的游戏进行正式的数学描述，他们将不知所措，尽管他们完全能够利用这些规则指导自己的行为。在伍兹霍尔会议期间，我们荣幸地看到一堂示范教学，在这堂课上，五年级儿童很快地掌握了函数论的中心思想；虽然，如果教师企图向他们解释什么是函数论，他最终是要失败的。往后，到了发展的恰当阶段，给以一定量的具体运算实践，那么向他们介绍必要的形式论的时机便成熟了。

教授基本概念最重要的一点，是要帮助儿童不断地由具体思维向利用更加概念化的恰当思维方式过渡。可是，试图根据远离儿童思维方式且其含义对儿童来说又是枯燥无味的逻辑进行正式说明，肯定徒劳而无益。数学课的许多教法就是这个样子。儿童学到的，不是对数学的理解，而是套用呆板的方法或技巧，但不懂得它们的意义和相关性。这些方法和技巧没有转化成儿童的思想方法。这种不恰当的开端容易使儿童相信：对他来说，重要的事情是“准确”——尽管相对于数学，“准确”同计算的关系要密切的多。这类情况中最明显的例子，也许要算中学生初次接触欧几里得几何学的情况了。学生不具备关于简单几何图形的经验和据以进行学习的直观手段，因此把几何学看作一套公理和定理。早一点在儿童力所能及的水平上采用直观几何学的方式教给他概念和算法，说不定他可以更深刻地理解他之后接触的公理和定理的意义。

可是，儿童的智力发展不是像时钟装置那样的一连串事件。它也受环境，特别是学校环境的影响并做出回应。因此，教授科学概念，即使是小学水平，也不必机械地跟随儿童认知发展的自然过程。向儿童提供挑战性的但是合适的机会，也可以促进智力发展。经验已经表明：向成长中的儿童提出难题，激励他向下一阶段发展，这样的努力是值得的。正像初等数学界最有经验的教师之一戴维·佩奇曾经评论过的：“从幼儿园到研究院的教学中，使我感到惊讶的是各种年龄的人在智慧方面的相似性。虽然，跟成人相比，儿童也许更有自发性、创造性和更生机勃勃。就我个人的经验而言，只要根据年幼儿童的理解力提供学习材料，他们学习任何东西几乎都比成人快。很有趣味的是，如果按照他们的理解力提供材料，他们会自己去学习数学，而他们对材料越熟悉，就越能把他们教好。我们提醒自己，给任何特殊课题一个绝对难度都要十分审慎，这是恰当的。当我告诉数学家们，四年级学生可以学习‘集合论’的时候，其中少数人回答说‘当然’，多数人却大吃一惊。后面这些人完全错误地认为‘集合论’是真正困难的。当然，或许没有什么事是真正困难的。我们只是必须等待适当的观点和表达它的相应语言的出现而已。在教某种教材或某个概念时，我们容易问儿童琐细的问题或引导儿童提出琐细的问题，也容易问儿童不可能回答的困难问题。这里的诀窍在于发现既能让儿童回答又能使之发展的难度恰当的问题。这是教师和教科书的大事。”有人借助精心设计的“适中问题”去引导儿童更快地通过智力发展的各个阶段，更深刻地理解数学、物理学和历史的原理。为了实现这一点，我们必须更多地了解这种方法。

日内瓦的英海尔德教授应邀对数学和物理学方面能促使儿童较快通过智力发展的各个阶段的做法提出自己的建议。下面所谈的便是她为这次会议准备的备忘录的一部分。

最初步的推理形式——无论是逻辑的、算术的、几何的，还是物理的——是以量的守恒原理为基础：不管它的各部分怎样排列，它的形状改变了，或者它在空间和时间上移动了，整体仍然不变。守恒原理不是头脑中先验的论据，也不是纯经验性观察的产物。一般来说，儿童发现守恒，其意义可与科学上的发现相比。掌握守恒概念，对儿童来说，是困难重重的，教师对此常常没有觉察。在年幼儿童看来，整数、空间大小和物理量不是守恒的，而是在被运算时可以扩大或缩小的。一匣珠子，无论分成两堆、三堆，乃至十堆，总数仍旧一样。正是这一点，儿童却很难理解。在年幼儿童看来，这些变化似乎向一个方向发展，他不能领会，事物虽经变动，它的一些基本特点却依然如故，或者，虽然它们改变了，但还可以变回来。

从用于研究教授儿童守恒概念的许多例子中，举出少数几个例子，将会说明人们能够借助某种材料的帮助使儿童更容易地学习概念。儿童把已知数量的珠子或已知体积的液体，从一个容器倒入另一个容器，其中一个高而窄，另一个矮而宽。年幼儿童认为，高容器中的东西比矮容器中的东西多。现在，可以让儿童具体地接触相同数量的两种形式之间一对一的对应性质，因为有一种简易的检查法：珠子，数一数；液体，用一种标准方法测量一下。如果用一捆木棒来看长度的守恒，或用一堆花砖来检验面积的守恒，或令儿童把由相同数目木块组成的几何体形状改变一下，同样的运算都会证明守恒原理。物理学中，使糖溶解，或改变泥球形状而体积守恒，可以提供相同的教学。如果教学方法不能把儿童从感知的原始观念，恰当地引至对守恒观念的真正直觉，结果就是，他会计数但未获得数量守恒概念，或者，他会运用几何测量而仍不懂传递性运算——假使 A 包括 B，B 包括 C，那么 A 也包括 C。在物理学中，他会把计算应用于不完全理解的物理概念，如质量、体积、速度和时间。考虑到儿童自然的思维过程的教学方法可以给儿童提供具体论据，使之有机会超越原始的思维方式，从而使他发现这样的守恒原理。例如，儿童注意到高而窄的容器中看起来较多的液体，事实上却和矮而宽的容器中的液体体积相等。具体的活动变得愈来愈形式化，便使儿童头脑灵活，接近数学和逻辑的自然而然的可逆性的运算。儿童逐渐认识到，任何变化都可以通过逆运算——用减法抵消加法——通过心算相互抵消，或者说一种变化能用倒易的变化来平衡。

儿童往往一次只能集中注意现象的一个方面，这就妨碍了他的理解。我们可以安排一个小小的教学实验，迫使他不得不注意现象的其他方面。这样，大约到了七岁，儿童估计两辆汽车的速度时会认为，先到的一辆比另一辆快，或者如果一辆车超过了另一辆，那么超前的那辆车比较快。要克服这样的错误，可借用玩具汽车来表演从最后一条线的不同距离出发的两辆车子，不能够凭哪一辆先到去判断快慢，或者表演一辆车能够超过另一辆但并不先到达终点。这些是简单的练习，但它们能够促使儿童同时注意一种情况的几个特征。

由此可见，把像欧几里得或度量几何学的教学延迟到低年级的末尾进行，尤其是投影几何学没有早一点教给学生，似乎是极为武断的，而且多半是错误的。物理学教学也是如此，其中不少观念可以早一些在归纳和直观的水平上，进行有益于儿童的教学。倘若这些基本概念不用数学用语，而是通过儿童自己能触摸到的具体材料来学习的话，这些领域的基本概念完全可以为 7—10 岁的儿童所接受。

另一件事同数学这门课程的顺序关系密切。心理发展的顺序更接近于教材的公理顺序，而不是更接近于教材里概念发展的历史顺序。例如，有人注意到像连接、分离、在内部等拓扑学观念，是在几何学中欧几里得的观念和投影的观念形成以前出现的，尽管在数学史上，前者在形式化方面较后者更新。如果说应该按照学科的逻辑或公理顺序，而不应按照它的历史发展顺序来教授学科的结构这个论点，需要任何特殊理由作辩护的话，那么，上述理由就可以充作论据了吧。当然，这不是说，并不存在这样一些情况：从它与文化或教育的关系这个角度上看，历史顺序还是重要的。

至于教授透视和投影的几何学概念，还可以利用以儿童分析具体经验的运算能力为根据的实验和演示来做许多工作。我们注意过儿童在下述装置前工作的情形：把直径不同的环，放在烛光和银幕之间的不同位置上，而烛光和银幕的位置是固定的。这样，在银幕上便出现大小不同的环影。儿童能认识到环影大小的变化是环和光源距离的函数。给儿童展现一个情景，使他获得关于光的这种具体经验，我们就教给了他一些方法，使之最后能理解作为投影几何基础的一般观念。

这些例子使我们相信，采取一定的教法，有可能把自然科学和数学的基本观念教给比传统年龄小得多的儿童。在这样的早期，有条不紊的教学能够为儿童学习基本概念打下基础，这些基本概念日后可以加以利用并对中学阶段的学习大有好处。

概率推理是现代科学的一个非常普遍而重要的部分，但在我们的教育制度中，大学以前几乎是不教的。这一遗漏可能是因为差不多在所有的国家里，学校的课程比起科学的进步来，都要落后一段时间。但也可能由于，大家相信理解随机现象要靠学习者掌握事件的稀少或普遍所具有的意义，而人们又都认为这样的观念难以被年幼者所了解。我们的研究工作指出，理解随机现象，确实需要在年幼儿童所能领会的范围内，运用某些具体的逻辑运算——以这些运算不用困难的数学用语为条件。在这些逻辑运算中，主要的是选择（“不是A就是B是真的”）和联系。为了使儿童基本上领会对思考概率来说所必需的逻辑运算，抽签的游戏、“轮盘赌”的游戏和结果呈高斯分布的游戏，都是理想的做法。在这样的游戏中，儿童首先发现一种关于机遇的全然是定性的概念，把它同演绎的必然性对比，可以解释为一个不确定事件。只是到后来才发现概率概念是必然性的一部分。每个发现都能够在儿童学习概率的计算技术或概率论中的正式用语以前做到。在介绍任何统计方法或计算之前，我们可以轻而易举地唤起和发展儿童对带有概率性质的问题的兴趣。统计的操作和计算仅仅是直觉理解形成之后所运用的工具。如果先介绍一系列计算工具，那么，很可能会压抑或扼杀概率推理的发展。

根据这一切，有人想知道，让小学一、二年级儿童采用突出逻辑的加法、乘法、包含、序列、次第等的基本运算方式，来进行操作、分组和顺次排列实物等一系列的练习，是不是一件有趣的事。因为，这些逻辑运算的确是一切数学和自然科学更为特殊的运算和概念的基础。也许事实是，这样一种早期的自然科学和数学的“准备课程”（pre-curriculum）在为儿童建立一种直觉理解和更有归纳性的理解方面，或许大有好处，这种好处可能以后会在正式的数学和自然科学课程中具体表现出来。我们认为这种做法的效果，将使自然科学和数学更有连续性，而且也会使儿童对于概念理解得更好、更确切。如果儿童没有这种早期的基础，日后他将只能装腔作势讲一通而不能有效地应用这些概念。

社会科学和文学的教学，肯定也能采用类似的途径。关于如何引导儿童到这些学科中来的问题，研究工作做得不多，尽管有着大量的观察和探索。向儿童讲述一则故事的开头部分，然后要他按喜剧、悲剧或滑稽剧——在教学中从未用过这样的词语——的形式结束这个故事，人们能用这样的方法来教授文体的结构吗？如“历史趋势”的观念在什么时候形成？它形成的前兆又是什么？如何使儿童认识文学的风格？儿童通过描述内容相同而风格迥异的作品，像比尔博姆①的《圣诞花冠》那样，也许能够发现风格的观念。再次强调，认为任何学科不可能按某种方式教给几乎任何年龄的任何儿童，这种看法是毫无道理的。

这里，我们立刻会遇到教学是否有效的问题。有人会反驳说，等到儿童十三四岁时开始学几何学，可能更好些。这样，在经过投影几何学和直观几何学这些开头步骤的教学之后，学生能够马上跟着进行这门学科的完全正式的教学了。给年幼儿童归纳的训练，使之能在认识知识的形式结构前就发现知识的基本秩序，这样做是否值得？英海尔德教授的备忘录中曾提出建议：可以对一、二年级儿童进行作为数学和自然科学教学基础的基本逻辑运算训练。实验证据表明，这种严格和相互关联的早期训练，有使往后学习更容易的效果。的确，“学习定势”（learning set）的实验研究恰好指出，人们不但能学到特定的东西，而且在这样做的同时，还能学会如何学习。训练本身是那么重要，已经受过解决难题的广泛训练的猴子，当大脑遭受诱发性功能损害后，和其他事先未受过这种训练的猴子比较起来，其遗忘相当少而恢复比较快。但是，这种早期训练的危险可能在于：训练的结果会造成虽然新颖却离奇的观念。关于这个观点，尚缺乏有力的证据，还需要找出很多证据才能说明问题。

（二）学习行为

学习一门学科看来包含三个差不多同时发生的过程。第一是新知识的**获得**（acquisition）。新知识，往往同一个人显性或隐性的已知事物相违背，或者是它的一种更新。至少可以说，是先前知识的重新提炼。因此，教学生牛顿的运动定律，会与感官的证据相违背。或者，教学生波动力学，会破坏学生关于机械的碰撞是真实的

① 马克斯·比尔博姆（Max Beerbohm，1872—1956），英国作家。——译者注

能量转换的唯一来源这个信念。或者，向学生介绍物理学上所断言的能量不灭的守恒定理，会违背“消耗能量”这种说法及其蕴含的思想方法。更常见的是不那么极端的情况，比如在给学生讲循环系统的详情时，学生已经模糊地或直觉地知道血液循环。

学习的第二个方面，可以称为转换（transformation）。这是处理知识使之适合新任务的过程。我们学习“揭露”或分析知识，把它安排好，使所得的知识经过外推法（extrapolation）、内推法（interpolation）或变换法（conversion），整理成另一种形式。转换包含着我们处理知识的各种方式，目的在于学得更多的知识。

学习的第三个方面是评价（evaluation）：检查我们处理知识的方法是不是适合于这个任务。概括得恰当吗？推断得合适吗？运算得正确吗？教师在帮助学生进行评价时常常具有决定性的作用。但许多评价的作出，仅靠似乎有理（plausibility）的判断，不能够真正严格地检验我们的努力是否正确。

在学习任何一门学科时，常常有一连串的情节（episode），每个情节涉及获得、转换和评价三个过程。光合作用可能合理地包括生物学里一个学习情节的材料，这个情节是更广泛的学习（例如通常关于能量转换的学习）的一部分。学习情节运用得最好时，可以反映以前已经学过的东西，而且可以举一反三，超过前面的学习。

一个学习情节，时间可长可短，包含的观念可多可少。学习者愿意一个情节持续多久，这取决于此人期望从他的努力中获得什么，是为了获取分数这样的外部事物，还是为了提高理解能力。

我们经常通过控制学习情节来安排教学，以适应学生的学习能力和需要。其方法为：缩短或延长情节，采取表扬或给以金星的方式增加外来的奖励，在学生对材料充分理解时教师用夸张的惊异的神情加以肯定。一门课程中的单元意味着学习情节的重要性，尽管许多单元拖得很长而且没有实现完全理解的目标。关于怎样在不同学科里为不同年龄的儿童妥当地设计合适的学习情节，研究之贫乏实在令人诧异。许多问题需要根据仔细的研究来予以回答，我们现在来讨论其中的一些问题。

首先是外来奖励和内在奖励之间的平衡问题。关于学习中奖励和惩罚的作用，已经有过许多论著，但是对兴趣和好奇心的作用以及发现的诱惑力，却很少论及。如果我们希望教师能使儿童习惯于愈来愈长的学习情节，那么，在详尽的课程计划中势必更要注重把加速认识和领会作为一种内在奖励的形式。有个方法议论得最少，那就是引导学生学完困难的教材单元。这个方法的目的是要鞭策学生竭尽全力地学习，使他得以发现圆满而有效地完成任务的乐趣。好教师懂得这种诱惑的力量。学生应该领会专心致志地研究问题是什么感觉。他们在学校里很少能体验到这种感觉。通过在课堂上专心致志地学习，有些学生就能把这样的感觉带到他独立进行的工作中去。

在一个学习情节中，获得、转换和评价（获得资料、处理这些资料和检核一个人的观念）应在何种程度上予以重视？为了弄清这一点，还有一系列的问题需要解决。例如，先给年幼儿童极少量的资料，然后鼓励他尽可能从这些知识中总结出一套完整的含义。这样做是不是最好？总之，对年幼儿童来讲，是不是一个情节所包含的新知识应该少一些，同时应该强调让儿童靠自己的力量做点什么事来超越那一点知识呢？一位社会学科的教师已经在四年级学生中采用这个方法获得了很大成功。比如说，他先讲文化往往发源于肥沃的河谷这个事实——唯一的“事实”，然后在课堂讨论中鼓励学生思考：为什么这是事实？为什么文化的发生多半不在多山之国？这样的做法实质上是发现的技巧，其效果在于儿童靠自己引出知识，接着能够对其来源、出处进行核实或评估，而且在这个过程中获得更多的新知识。显然，这是学习情节的一种形式，它的适用性肯定是有限的。还有另外形式的学习情节吗？是否有些形式比其他形式更适合于某种课题和年龄？事实不是“学习就是学习就是学习”（“to learn is to learn is to learn”），但在研究文献中，似乎很少承认学习情节的差别。

关于学习情节最适当的长度，我们只能说一些常识性的情况，但这些情况也许很有意思，可以引发丰富的研究。例如，似乎相当明显：要是某人受到鼓舞而热情地从一个情节转入下一个情节的话，则情节越长，内容越多，就越能大大地增进能力和理解。凡是用等第来代替理解的奖励的地方，很可能一旦不再用分数来奖励时（毕业时），学习便立即宣告结束。

一个人越是具有学科结构的观念，就越能毫不费力地完成内容充实和时间较长的学习情节。这看来也是合理的。真的，在任何学习情节中，有些新知识确实是我们不能够立即领悟的。再者，正像我们早已注意到的，我们对于这种尚未融会贯通的知识能够记住多少，是受到严格限制的。据估计，成人一次能够掌握大约七个独立的知识项目，至于儿童，还没有可用的常规模式——这是一个不足之处。

关于儿童学习情节如何形成，有许多细节可以讨论，不过已经谈论的问题，就足以表示他们的特点。由于这个课题是我们理解一门课程该怎样安排的中心问题，所以显然这方面的研究工作是头等重要的。

（三）“螺旋式课程”

如果尊重成长中儿童的思想方法，并且想方设法把材料转译成儿童的逻辑形式，并极力鞭策、引导他前进，那么，就有可能在早期向儿童介绍这样的观念和方式，以使他在日后的生活中成为有教养的人。我们不妨问一下：在小学里所教的任何学科的准则，如果充分扩展的话，是否值得成人知道？而如果童年时懂得了它，是否成年时会更优秀？倘若对这两个问题的答复都是否定的或含糊的，那么这种材料就会造成课程的混乱。

如果本章介绍的假设——任何学科可按照某种正确的形式教给

任何儿童——是正确的，那么随之而来的论点便是：课程建设应当围绕一个社会认为值得它的成员不断关心的那些重大的问题、原理和价值。考虑两个例证：文学教学和自然科学教学。例如，假如承认使儿童认识人类悲剧的意义而且使之产生同情感是合适的，难道就不可能在很早的恰当的年龄用启发而不用恫吓的方式进行悲剧文学的教学吗？有许多行得通的方法可以尝试，如复述伟大的神话，利用儿童文学名著，或放映和评论经过检验的影片。什么年龄该用什么材料、有什么效果，是有待于研究——各种各样的研究——的主题。我们可以先问儿童关于悲剧的概念，在这里，不妨采用皮亚杰和他的同事们在研究儿童的自然界因果关系概念、道德概念、数的概念等时所采用的方法。只有在用这些知识把我们武装起来的时候，我们才能够知道儿童怎样将我们给他的任何东西变成他自己的主观术语。我们也不需要等到有了全部研究成果后才开始行动，因为一个技能高的教师也能进行试验，他试着去教在直观上似乎适合不同年龄儿童的那些材料，在前进中不断加以修改。到一定时候，一个人可能进而学习同一种文学的更复杂的作品，也可能仅仅重复阅读早些时候读过的同样几本书。重要的是后来的教学建立在早期对文学的反应能力上，它寻求产生一种对悲剧文学更清晰和更成熟的理解。任何伟大的文学形式都能够按照同样的方法被掌握，任何重大的主题——无论喜剧形式还是个性主题以及其他——都是这样。

自然科学亦是如此。如果认为对于数目、测量和概率的理解在探索自然科学中具有决定性的作用，那么这些学科的教学就应该尽可能早地开始并采用正确的智育形式，而且应该同儿童的思想方式相符。要让这些课题在以后各年级中扩展、再扩展。这样，如果大多数儿童准备选学十年级的生物学单元，难道他们需要把这门学科一下子都学完吗？必要的话，用最少的正式实验，以一种或许不太精确然而较为直观的方式尽早向他们介绍一些主要的生物学观念，难道不可能吗?

许多课程最初设计时的指导思想，颇像我们在这里提出的那样。但是当课程实际实施的时候，当它们发展和改变的时候，常常会失去最初的形式，再次陷入混乱。督促人们再审查现行课程是否符合前面指出过的连续性和发展的论点，这绝非错误。我们无法预计修改课程可能采取哪些确切形式，坦率地说，目前有用的研究确实太少，无法提供合适的回答。我们只能建议，应该用最大力量尽快地着手进行适当的研究工作。

四　直觉思维和分析思维

学生直觉思维的重要性在前面各章中已谈过不少，直觉思维与学生先前对学科的理解截然不同。在学校的学习和学生的考试中，非常注重清晰的系统陈述以及学生用言语或数学形式进行复现的能力。强调这些方面，是否会妨碍以后直觉理解的健全发展呢？由于缺乏研究，这一问题并不清楚——的确，我们连直觉理解究竟由什么构成还不清楚。不过，我们仍能把表达思想不清楚的天才和表达思想清楚的白痴区分开来——表现为前者的学生，通过运算和结论，显示出对学科的深刻领会，但不大能够“说出它是怎样的”。这跟另一种学生不同，后者看上去掌握了很多恰当的词汇，却没有相应能力去利用这些词汇所代表的观念。仔细地考察直觉思维的本质，可能对于承担课程编制和教学的人大有助益。

数学家、物理学家、生物学家等都在他们各自的领域里强调了直觉思维的价值。例如，在数学中，直觉概念是从两种不同的意义上来使用的：一方面，说某人是直觉思维，意思是他花了许多时间做一道题目，突然间他做出来了，但是还须为答案提出形式证明；另一方面，说某人是具有良好直觉能力的数学家，意思是当别人向他提问时，他能够迅速作出很好的猜测，判定某事物是不是这样，或说出在几种解题方法中哪一个将更有效。

直觉思维有效性的发展是许多在数学和自然科学方面受到高度尊敬的教师们的一个目标。人们反复地指出，在中学平面几何学教学中，典型的是对技巧、形式的证明等强调得过分了；对几何学有着良好直觉感的学生，以及擅长发现证明方法而不只是去检验向他们提出的证明是否正确或记住这些证明的学生，需要多多注意他们的发展。例如，在希尔伯特和科恩的《几何学与想象》一书中，采用图解进行几何学试验，尽可能用视觉证明替代形式证明，像这样的试验，实在做得很少。同样，在物理学中，牛顿力学也是典型地按演绎和分析方法进行教学的。许多物理学家认为，无论如何，对直觉理解的发展太少被关注了。确实，有些人已经指出，改进教师对直觉思维的运用，如同改进学生对直觉思维的运用一样，是有待解决的问题。

然而，正像会议中的一位成员所指出的，把直觉看作“徒有形式而无内容”是错误的。直觉好的人可能生来有点特殊，但这些特殊性的效果，则需要建立在牢固的学科知识的基础之上。熟悉学科知识能使直觉有所作为。真的，有关学习的一些实验表明，为了有效地用直觉方法运用材料，精通材料是重要的。

同改进物理课程和数学课程特别有关的人们经常把有助于改善直觉思维的程序的运用作为他们的重要目标之一。在他们试图设计这样的程序时，就出现了哪种系统的心理学知识有用的问题。可惜，关于直觉思维的性质和影响直觉思维的可变因素，可用的系统知识极少。所以，在这里最恰当的做法，似乎是试图勾画出一些研究工作的轮廓，这些研究工作，即使只进行一部分，也将开始提供与特殊课程改革或者更一般地与整个课程改革有关的人们以有用的资料。我们要求回答的到底是些什么问题呢？

关于直觉思维的性质问题好像集中在两个大的题目上：什么是直觉思维？影响直觉思维的又是什么？

人们对分析思维，可以说出比直觉思维多得多的具体情况。分析思维是以一次前进一步为其特征的。步骤是明显的，而且常常能由思维者向别人作适当解说。在这类思维进行的过程中，人们能比较充分地意识到所包含的知识和运算。它可能包含仔细的和演绎的推理，因为它往往使用数学或逻辑以及明确的展开路径。或者，它也可能包含逐步的归纳和试验过程，因为它利用了研究设计和统计分析的原理。

直觉思维与分析思维迥然不同，它不是以按仔细的、规定好的步骤前进为其特征的。的确，它倾向于运用看来是以对整个问题的内隐的感知为基础的那些策略。思维者虽然得到答案（不管正确还是错误），但他对其间的过程究竟如何却很少知道。他难以说明是怎样获得答案的，而且他也许不知道他所回答的问题情况是什么样的。直觉思维总是以熟悉的知识领域及其结构为根据，使思维者可能运用跳跃式的、省略式的思维，一定程度上帮助他们更快得出结论，但这些结论需要以后用比较分析的方法——不论演绎法或归纳法——重新检验。

我们认为，应该承认直觉思维和分析思维的相互补充的性质。一个人往往通过直觉思维解决一些问题，而这些问题如果借助分析思维将无法解决，或者充其量也只能慢慢解决。这种解决，一旦用直觉方法获得，可能的话，就应当用分析方法进行检验，同时，把它们看作这种检验的有价值的假设。的确，直觉思维者甚至可以发明或发现分析家所不能发现的问题。可是，给这些问题以恰当的形式体系的，也许还是分析家。可惜，学校学习中的形式主义已经或多或少贬低了直觉的价值。过去几年来一直在从事设计课程，尤其是从事设计数学和自然科学课程的人，都坚定相信，我们怎样才有可能从最早年级起便开始发展学生的直觉天赋，这方面需要做更多工作。因为，正像我们已经看到的，在我们向学生揭示演绎和证明这种更传统和更正式的方法以前，使其对材料能有直觉的理解，可能是头等重要的。

至于直觉思维的性质，到底是什么呢？很清楚，无论是把特定的解决难题的活动认作直觉，还是切实地鉴别直觉能力本身，都并不容易。根据可以观察到的行为来下一个精确的定义，在目前是我们力所不能及的。显然，我们不能等到可以给直觉思维下一个纯粹而不含混的定义，并对出现的直觉有鉴别的精密技术时，才来研究这个问题。这种精密性是研究的目标，而不是据以进行研究的起点。如果要探究我们是否有能力鉴定某些解决难题的活动比别的更为直觉，那么这种精密性就可作为起点。或者，另一种做法是，我们可以探究能否把一个人的工作方式或偏爱的工作方法从性质上划分为偏分析或归纳的还是偏直觉的。更进一步，探究我们能否找出一个方法去把任务分类，看每个任务需要哪一种工作方式。很清楚，重要的是不使用像有效或无效这类评价概念来混淆直觉思维和其他类型的思维，因为分析性的思维、归纳性的思维与直觉性的思维都可能有效或无效。也不应该根据能否产生新的或熟悉的结果来区分这两种类型的思维，因为这不是重要的差别。

关于直觉的定义，我们应该先看一下《韦氏词典》的解释："(直觉就是）直接了解或认知。""直接"这个词是同"间接"——以正式的分析法和证明法为手段所获得的了解或认知——相对而言的。直觉是一种行为，通过这种行为，人们可以不必明显地依靠其分析技巧而掌握问题或情境的意义、重要性和结构。直觉的正确或错误最后取决于通常的证明法而不是取决于直觉本身。然而，直觉的形式能很快产生假设，且在知道观念组合的价值之前，便发现观念的组合。最后，直觉本身可以产生一个知识体系的临时序列，同时可以造成一种感觉，使我们觉得那些事实如此组织起来是不言而喻的；它对我们的帮助主要在于给我们提供一种根据，使我们得以在检验现实的过程中前进。

显然，直觉的跳跃有些是"好的"，也有些是"不好的"，这是按照它们的结果如何来定的。有些人是良好的直觉者，有些人则应预先提醒他们才行。根据什么来发现良好的直觉者呢？这个问题还无法回答，但显然是值得去研究的。再者，如何把外显的技术转换成几乎能够自觉运用的内隐的技术，这也是个充满猜测的课题。毫无疑问，经验和熟悉该学科是有些帮助的，但是，它只对有些人有帮助。我们中有的人教研究生初次突击新的知识领域时，在我们感到他们的观念是合情合理的或是天马行空的，又或是微不足道的，可是又不知道我们为什么这样想之前，往往为我们对他们的观念的直觉反应所震惊。通常，我们的直觉反应是正确的，但有时候我们却成为过分习惯于过去的努力的受害者。这两种情形中的直觉，都可能在我们显示聪明或蛮勇的好几周或好几个月前出现。在布法罗大学，收藏了当代一流诗人所写的诗稿和修改稿。令人震惊的是，在对诗稿进行研究时，我们立刻感觉诗人的修改是正确的。不过，我们经常难以说出为什么修改的比原来的好，而要做到这一点，无论对读者还是对诗人来说都是困难的。

很清楚，描绘测量直觉思维需要一定的程序或工具，而且应该大力发展这种工具。我们不能在现阶段预见在这个领域里将要用什么研究工具。例如，我们能否依赖受试者在工作中显出思维选择性时的谈话来判断他到底是靠直觉的跳跃，还是靠一步步的分析，抑或是靠经验的归纳来进行思维的呢？采用小规模的实验方法合适吗？能否用团体测量程序（包括笔纸测验）来提供某种测度呢？所有这些都值得试一试。

影响直觉思维的可变因素究竟有哪些？这些因素和直觉运用中的个体差异有关，肯定会有带倾向性的因素。这种倾向性因素甚至使人倾向于对某个领域而不对别的领域进行直觉思维。关于这些因素，我们只能进行一系列的推测。如果教师进行直觉地思考，学生的直觉思维会不会更发达？也许包含着简单的模仿，也许包含着更复杂的过程。如果学生从未见到他的长辈有效地运用直觉的思维方法，他似乎未必会发展或相信自己的这种方法。凡是乐意猜测课堂上提出的问题的各种答案，而后对自己的猜测作严格分析的那种教师，恐怕比预先给全班分析一切的教师，更易于培养学生这种思维习惯。给某个领域提供各种经验，会增强那个领域内直觉思维的效果吗？多方面熟悉某门学科的人们，往往更能凭直觉一下子作出决断或解答疑难——后来证明这个决断或解答是恰当的。例如，内科专家第一次看某个病人，他可能问问病情，快速地检查一下，并马上做出准确的诊断。当然，也许会有风险，就是他的办法可能导致大的错误——出错的概率大于年轻实习医师，他们诊断同样的病人时是根据缜密的、一步步的分析而得出的结论。在这种情况下，直觉大概是利用一套有限的线索，因为思维者知道什么事情在结构上同其他什么事情有关系。这不是说，“临诊”的预料比“精算式”的预料来得好，或来得差。只不过是说，两者有所不同，并且，两者都是有用的。

关于这一点，我们可以思考，在教学上强调知识的结构或连接性，能否促进直觉思维。那些从事改进数学教学的人，经常强调发展学生对数学的结构或顺序的理解的重要性。就物理学而论，也有这种情况。看来这种强调中含有这样的信念：结构的理解能使学生从中提高他直觉地处理问题的效果。

教授各种启发式程序，对直觉思维有什么作用呢？正如我们已经觉察到的，启发式程序实质上是解决难题的一种不严密的方法。启发式程序常常使难题解决，但它无法给出解决难题的保证。此外，算法也是解答问题的一种程序，如果进行得准确，它保证会经由一定的步骤发现问题的解答办法——只要这个问题有解答之法。当算法的程序不明了的时候，往往可用启发式程序，这是启发式程序的优点之一。而且，即使有合用的算法，启发式程序也往往进度更快。教授启发式程序会促进直觉思维吗？例如，是否应该明确地教学生：“当你不能够看出如何着手解题时，不妨想想同该问题相似的但较为简单的问题，然后用解决较简单问题的方法作为解决较复杂问题的计划。”这样行吗？抑或应该引导学生学到这样一种技术，而不要他向自己实际上说出那一番话？当然，这里可能用得上古代的一个谚语：当毛毛虫试图说出它如何走的时候，它便寸步难移了。有意识地用启发式规则进行直觉飞跃的学生，可能会把这个过程简约为分析的过程。另一方面，经常应用一般的启发式规则——利用类比，使用对称，考察有限条件，使解法形象化——肯定对直觉思维有帮助。

为了学习怎样在最后做出聪明的推测，是否应该鼓励学生去猜想呢？也许在某种情境中，猜想是相宜的，并且可以促使直觉思维向合理方向发展。真的，可能有一种猜想，需要予以仔细的培养。可是，在很多学校的实际教学中，猜想往往会受到严重处罚，而且不知道什么缘故，还同偷懒联系起来。可以肯定，谁都不愿意只教学生猜想而不干别的，因为继猜想之后总会根据需要尽量做出证明和认可的；而对猜想处罚过严，会压抑学生的多元化思维，使之只能按部就班地工作，无法实现思维的跨跃。当学生不能立刻说出正确答案时，他们进行猜想难道不比目瞪口呆好吗？直截了当地说，应该给学生一定的训练，使之认清猜想的合理性。在自然科学和普通生活中，我们常常被迫根据不完全的知识去行动，我们不得不去猜想。按照统计学的判定理论，根据不充分数据而进行的活动，必须考虑到概率和代价两方面。我们应当教学生识别的也许是：什么时候不去猜想的话，会代价过高；同样，什么时候猜想本身的代价又太昂贵。我们认为做后者比做前者好得多。我们是否应该让学生从事两方面的实践，即不但进行有训练的猜想，而且要认清别人提出的那些好像合理的猜想的特征——知道某答案至少在范围上是恰当的，或者知道那不是不可能的而是可能的？我们感觉到，一般来说，如果使学生懂得，在真理和缄默之间可以有各种选择，这或许会给他的思维以很大的好处，但是我们切不可因为自己不能鉴别两种不同的自信而把自己弄糊涂了——一种自信是个性的特征，另一种自信则是由于对一个学科具有知识才产生的。对教育者来说，只帮助学生树立前一种自信而不树立后一种自信，就算不得有什么特殊功绩。教育的目标绝不是培养出具有自信心的傻瓜。

可是，通过发展学生的自信和勇气去培养有效的直觉思维，似乎还是可能的。依靠直觉思维的人，常常可以获得正确的解答，但当他自行核对或接受别人检验时，也可能被证明是错了。所以，这类思维需要在努力试解难题过程中有甘愿犯真正的错误的精神。凡是动摇和缺乏自信的人，也许不愿意冒这样的风险。

许多观察指出，在工作中，当要求决断的情境的新颖性或重要性提高时，分析思维的倾向就会增强。或许，当学生看出错误结果似乎过于严重以及成功结果又似乎太无把握的时候，他会抱住分析程序不放，尽管这些程序可能是不合适的。根据这些理由，人们可能怀疑，学校现行的奖惩制度在学生看来是否实际上有抑制运用直觉思维的倾向。学校中的等级制度特别强调获取事实的知识，主要就是因为这类知识最容易进行评价；而且，它倾向于强调正确答案，因为对于追求简便的考试来说，凡属正确的答案，都可以评为“对的”。在我们看来，重要的应该是从事某种研究工作，以便查明若是采用不同根据划分等级时，直觉思维将如何发展。

最后，关于能使直觉思维特别有效的条件，我们能够说些什么呢？在哪些学科的掌握中，用直觉程序，并继之以检验，会最有助益？解决各种各样问题的途径，最好借助直觉程序和别的程序的结合来进行，所以，知道是不是两种程序在用同样教学法的同样课程内都能得到发展，也是重要的。这就要求我们去考察在不同领域内直觉的有效运转方式。我们听到人们最明确地谈论像数学和物理学这些演绎和归纳的形式系统（formal apparatus）高度发展的领域里的直觉。数学家和物理学家使用“直觉”一词，可能反映他们对自己专业训练的能力和严谨性的确信之感。然而，其他领域的人几乎也同样使用直觉，或者用得更多。单以历史学家为例。历史学家在探索他的学科时，大量地依靠直觉程序，因为他必须选择有关联的事物。他并不试图查明或记录某一时期的全部事情，他自己只限于去发现或预知有成果的各种论据，这些论据结合起来，就能使他明智地猜想还发生过什么别的事情。我们觉得，各种不同知识领域里直觉思维的比较研究，肯定非常有用。

我们早已指出过，诗人和文学评论家的职业要求他们有直觉自信：需要在没有特定规则和无法意见一致的标准下，着手选择一个形象或者发表一个评论。对一位教师、一本教科书、一部示范影片来说，要为培养判断的勇气提供明确保证，这是困难的。说不定，大胆的判断产生于人们对于感人的、美的、俗气的等事物的直觉。在我们这样一种文明里，有这么多的压力使我们对大众化的传播工具的判断趋于一致，还有这么多的对个人特有的表现风格的恐惧，而且确实还有对风格观念一概怀疑的，因此，训练文艺界有信心的直觉，就变得更重要了。可是，有人发现在教育文献中关于这个课题的研究，实际上处于空白状态。

科学家慷慨地给予那些博得“直觉者”称号的同仁们以热情赞扬，这就证明直觉在自然科学中是一种有价值的东西，并且，我们应该努力培养学生的直觉能力。就艺术和社会科学的情况而论，直觉也一样有着强大的优势。不过，从教授法上看，要培育这类才能是个困难的问题。我们热切地希望不要忽视这个问题，而且要对这个问题进行实验研究。我们已经注意到直觉方法往往会产生错误答案这个事实，它要求敏感的教师将直觉的错误——有趣的错误的飞跃——同愚笨的或无知的错误区别开来；它还要求教师对具有这种直觉的学生予以赞同，同时加以纠正。彻底了解该学科以至能够轻易地超越教科书，这是对中学教师的高度要求。有时候的确遇到这种情况，即学生不仅比他的老师更有才智，而且知识更加丰富，并且能够提出他自己不能解释的解决问题的直觉途径，这些途径，教师弄不明白，也无法效仿。要教师给这样的学生以正确的奖励或纠错，这是不可能的，也许忍受这种无奖励的努力的正是天赋比较高的学生。所以，在计划使培养和测量直觉思维现象的方法发展起来的同时，一定要切实考虑课堂教学问题以及在鼓励学生发展这类技能上我们能力的局限性。这也是应该尽一切可能予以支持的研究课题。

这些实际困难不应该成为心理学家和教师们攻克这个问题的阻力。一旦我们找到本章列出的各种问题的答案，我们将能更好地提出解决问题的办法。

五　学习的动机

当考虑如何改善课程艺术的状况时，我们不可避免地要讨论学习动机的性质以及对青年的教育要达到的目标。显而易见，这样范围巨大的事情，这里只能概略地加以考虑。但是，某些问题似乎特别需要联系课程的设计来缜密地研究。

在设计课程时，人们正确地区别所希望达到的长期目标和用以达到长期目标的某些短期步骤。那些长于实际事务的人也许会说，如果不能为最后目标的实现提出短期办法，谈论长期目标是没有多大用处的。许多理想主义的评论家可能会毫不犹豫地抛开短期的教育目标，理由是看不出这些目标将引向何处。我们倾向于采取中间立场。了解教育的目的虽然是有益的，但是，我们也时常可以在试图达到比较低的目标的过程中，发现或再发现新的终极的目标。这样的事情，在最近改善学校课程的努力中看来已经发生了。

过去十年的努力，是从把物理学、数学或其他学科教得比较好这个最低的意图开始的。例如，由于意识到物理学家所知道的物理学和学校中所教的物理学之间的差距已经如此之大，这个差距又由于科学的革命性进展和国家安全的紧迫局势而显得特别重要，这就推动一群高素质的物理学家参与到这种努力之中。但当这种努力扩大时，当其他学科的学者和科学家也进入这个领域时，更广阔的目标开始出现了。很清楚，美国今天的教育，重新强调追求优异成绩。追求优异成绩看来包含着几件事情，这些事情不但同我们教什么有关系，而且同我们怎样教和怎样引起我们学生的兴趣也有关系。

有人认为，追求优异成绩绝不可限于天才学生。但是，为了要给每个人提供一些东西，教学应该以中等学生为目标，这种想法也是同样不合适的。看来，我们之中许多人追求的是设计出一套既使优秀学生感到有一定难度而又不破坏那些不那么优秀的学生的信心和学习意愿的教材。我们对这样一个方针的难处不存幻想，不过，倘若我们既要追求优异成绩，又要承认我们必须培育的人的才能参差不齐，那么上述方针就是我们唯一的出路。关于准备适合这个目的的课程，关于培训教师，关于采用所有可以利用的教学辅助工具的重要性，已经说过许多了。这些就是获得优异成绩的措施。另一个主要措施，就是必须处理动机问题。

阿诺德·贝内特[①]指出：法国人为了妇人而牺牲少女；在英国，则为了少女而牺牲妇人。我们的处境怎样呢？关于美国中学，已经有人说，它强调“同辈”文化（peer culture），否定了一些成人对教育的目的要求。这个论点可以争辩，但这个争端是个现实问题，正像詹姆斯·科尔曼[②]与戴维·里斯曼[③]这些研究美国中等教育的社会背景问题的评论家已经指出过的。只要看看面向青年阶层的广告，就可感到社会生活和“善交际的人”的中心地位。对美国中学教育的研究特别指出，社会声望比学术成就受到更高的重视。然而，哈佛教授委员会在富兰克林·福特教授主持下编写的《1960 年度入学方针报告》指出，来自公立中学的哈佛学生相比从东海岸大型的私立预备学校入学的才能类似的学生，获得的荣誉更多。很可能，进哈佛大学的中学生，是他们母校里杰出的一群人，但是，即使单就这一点来说，也毫无疑问地表明，美国的中学至少没有毁了这些学生，没有使他们后来不能做出杰出的工作。

那么，假定形势不是像有些人要我们相信的那么不妙，但也不

① 阿诺德·贝内特（Arnold Bennett，1867—1931），英国小说家。——译者注

② 詹姆斯·科尔曼（James Coleman，1926—1995），美国社会学家、教育家。——译者注

③ 戴维·里斯曼（David Riesman，1909—2002），美国社会学家、教育家。——译者注

是像有些人所很盼望的那么好，则关于在我们学校里的学习动机，能说些什么呢？注重课程单元，注重成绩等级和进步。注重机械式考试以及其他，就学校学习的连续性和深度来说，会发生什么结果呢？

关于唤起注意力，有一个介于淡漠和狂热之间的、对课堂活动来说是理想的最适宜的水平。这个水平是什么呢？由竞争机制培育出来的狂热活动，可能不容许学生有喘息的时间去思索、去评价、去进行归纳；相反，让每个学生被动地等着，这种过分的秩序性也会使人讨厌，引起极度的淡漠。这里有一个具有重大意义的日常课题。短期的唤起兴趣和在更为广泛的意义上长期地建立兴趣不同。影片、视听辅助器以及其他类似的装置可以有吸引注意的短期效果。结局怎样呢？也许会造就消极的人，他们等待某种帷幕升起来，唤醒自己。我们可不清楚是不是这样。也许，凡是能吸引儿童注意的东西，都是正确的，理由是，儿童最后将发展到爱好更主动自主的注意——这一点没有证据。在娱乐性质的群众性传播文化方面，这个问题特别重要。在那里，被动和“旁观”是危险的。首先要采取步骤，建立与旁观者的被动性恰好相反的那种注意的主动自主，也许这就是在学校中引起注意的技术的一部分。

学龄儿童中，多半常有复杂的学习动机。父母和教师要讨好；有些同辈要打交道；用以掌握事物的感官要发展。同时，兴趣在发展，世界开阔了。学校作业只是成长中的儿童的活跃生活的一部分。对不同的儿童来说，学校作业意味着不同的事情。对一些儿童来说，是取得父母赞赏的道路；对另一些儿童来说，则是闯进同辈社交世界的手段，只要用最小的努力来处理就“过得去”。学校的教育可能是反智力的，或者完全相反。在这样一个复杂的情景下，还有儿童感到兴趣的那些学科的微妙的吸引力。人们只能很勉强地说出情景的细节，但是大体上对他们是熟悉的。我们怎样在这种背景下唤起儿童对概念世界的兴趣呢？

几个试验性的建议已经（抱着商榷的态度）提出来了，其中，主要的是增加教材本身的趣味，使学生有新发现的感觉，把我们必须要说的东西转化为适合儿童的思想形式，等等。这等于启发儿童对正在学习的东西的兴趣，并使他对智育活动有适当的态度和价值观。无疑，依靠现在已提出的改革，我们无法创造一个充满热情的知识分子的国家，何况这显然也应是我们学校的主要的指导性目标。可是，如果教学工作做得好，我们教的东西值得学，那么在我们现代社会中就会有一些力量在起作用，它将提供外来的刺激，促使儿童比他们过去更多地参与学习过程之中。

高度赞赏智慧的价值，在传统上还没有成为我们文化的特点。作为一个民族，我们总是表现出对教育的巨大信心。之所以如此，有许多理由，如没有贵族阶级、新的社会所固有的重实效的需要等，但这些在这里不一定和我们有关。教育曾被认为是改善儿童的命运而不是改善我们自己命运的工具。儿童应该比他们的父母得到更好的教育机会，这差不多是一个普遍的信念。虽然我们对教育如此推崇，但我们对教育内容的注意却非常不够，笼统地提一下“读、写、算”似乎已经够了。在我们国家里，行动已经被当作思想有无效果的标记了，而且我们也许比任何其他主要的西方大国更多地把理论和实践之间的差距想象为一个张开的裂口。就我们把思想家理想化来说，我们采用了两种形式：一种是采用赞美神秘魔术的形式，比如对待爱因斯坦就是这样，认为他可能是不可理解的，然而是杰出的；另一种是采用奖励由思想产生的实际成就的形式，比如托马斯·爱迪生在我们的概念中是美国的科学家，也就是说把工程师当作科学家。在美国，作家、诗人、理论家和学者都不是民族的伟人，也没有鼓励人们写他们的传奇。

今天，许多美国人不但意识到教育的实际功效，而且注意到它的内容和质量——它是什么？它可能是什么？下述几个因素促成了这个倾向。我们正在进入科学技术的新时代，进入第二次工业革命，这个革命也许比一个多世纪以前的第一次工业革命更为猛烈。控制系统、自动化、新能源、新空间探索……所有这些，使人们对我们学校的性质以及对我们的青年在学校里学习些什么的问题开始产生浓厚的兴趣了。毫无疑问，还有一个原因就是我们感到国家安全受到威胁而产生的汹涌思潮。苏联征服太空，以及它的潜力不但能生产威慑力大的武器，而且也能产生效能高的工业社会，这使美国人的自满发生动摇，甚至十年以前，我们都会认为这一切似乎是不可想象的。最后，对教育越来越高的兴趣，部分是由于美国人口现在包含很高比例的大学毕业生这个现实所引起的。我们也有好运气，即我们是富裕的。今天，在青年人中，从大学毕业的人的比例，高于四十年前从中学毕业的人的比例。所有这些因素重新激起了人们对教育的兴趣，无论在学生中还是在家长中，同样能感到这种对教育的兴趣。

关于怎样给我们的学校带来更为严肃的学术气氛，应着重体育、声望和社交生活，还是应着重在学术上用功，这些问题有很多议论。全国各地正在努力调整明显存在的不平衡。对学问的崇拜和兴趣，可能会增长得比预料的还要快。甚至有一些可笑的趣闻，涉及把旧的标签贴在新的酒瓶上——例如，在某些中学里，把大家崇拜的运动员的“标志”同样发给平均考分出色的学生。但是另外还有一个问题，在时间上要远一些，这个问题可能最后证明是更为严重的，对此，现在就可以有效地采取处置的方法。

在未来的几年内，我们的教育系统里，非常可能产生某种变化以适应社会对它的需要。第一个是，对自然科学、工艺学以及帮助性学科的教学，将有日益增长的需要。在较新的技术性工业中，职位将会很多。过去，地方分权式的美国学校系统对美国工业中可利用的机会总是响应的，将来也会继续响应。什么时候这样的技术专家的供求会达到平衡，很难在人口统计和经济发展推测的基础上说出来。目前，差距还很大。一些推测认为，在二十年内，这个需要的第一部分，将会作为对工程师和现已达到大学年龄的战后婴儿加强训练的综合成果而被提出来。此后将出现什么情况，取决于许许多多的因素，其中一个因素就是美国工业吸收可利用的新科学工艺的速度和程度。

作为国家安全危机的第二个几乎不可避免的后果是，联邦支持各州和地方教育的拨款将会加快。现行的国防教育法不过是个开端。联邦补助的另一可能的、虽非必然的后果是，现在存在于地方学校体制中的质量上的悬殊可以有所缓和。教师工资的低限可能比高限提高得更快。关于学校建设的现行法律和建议中的法律，将使各处都有较好的学校设备可以利用。

除非预先好好计划改革，否则，日益强调技术进步和为了应付美国作为一个世界强国所必须面临的竞争危机而正在增加联邦补助这两个趋势，都可能为美国教育和美国生活带来不良的后果。我们不要只顾埋头作改善美国学校智育水平，以致忽视应付这样做成功后的局势的准备工作。在上述条件下成功的危险在于所谓“英才教育”（meritocracy）的兴起。部分由于目前的实践缺乏活力，部分为了响应早些时候说过的新发展的挑战，将有一个强大的趋势，把有能力的学生更快地推到前头去；如果他早期就在技术或自然科学领域内显示出天赋，就特别会把他推向前头。经过仔细规划，这样的加速办法对学生、对国家都是有益的。然而，英才教育是一个充满竞争的制度，学生在竞争中被往前推，并在他们的成就的基础上接受更多的好机会，包括后来生活中的职位越来越多地和不可改变地取决于早期的学校成绩。不但以后的教育机会，而且其后的职业机会，都越来越为早期的学校成绩所决定。晚成熟的儿童，早年表现叛逆的儿童，来自忽视教育的家庭的儿童——他们在全面推行的英才教育下，全都成为通常无意义的、不可改变的决定的受害者。

对开展教育的环境，奖优制度可能产生一些不良的影响，尽管我们如果预先计划，有可能控制它们。过分强调考试成绩可能是一个后果。查尔斯·珀西·斯诺[①] 1959 年在里德所作的报告《两种文化和科学革命》（1959 年剑桥版）中，有对“剑桥大学数学荣誉学位考试”的评论，里面有一段说得很好：“经过一百多年，数学荣誉学位考试的性质已逐渐具体化了。争夺锦标的竞争越来越激烈，职业就靠它。在大多数的学院里，我自己的学院当然也如此，如果某人获得了剑桥大学数学荣誉学位考试的第一名或第二名，他马上就会当选为学院院务委员会委员。一整套指导人们准备应考的办法产生了具有像哈代[②]、利特尔伍德[③]、罗素[④]、埃丁顿[⑤]、琼斯[⑥]、凯恩斯[⑦]那样优秀品质的人物，接受两三年的应考训练，这种考试极尽竞争之能事，极其艰难。在剑桥的大多数人，都为此而骄傲。就像英国的每一个人，不管他们是做什么的，都为我们现行的教育机关而感到骄傲一样……除一点以外，旧数学荣誉学位考试各方面都似乎是完美的。然而，这一点在某些人看来，却是很重要的。有创造力的青年数学家们，例如，哈代和利特尔伍德坚持认为的，这种训练全然没有智育上的优点。他们更进一步说，荣誉学位考试扼杀了庄严的英国数学，百年来使它完全断了气。”的确，凡是接近于数学荣誉学位考试那样猛烈的事情，很可能不会在美国发展，在

① 查尔斯·珀西·斯诺（Charles Percy Snow，1905—1980），英国作家。——译者注

② 戈弗雷·哈罗德·哈代（Godfrey Harold Hardy，1877—1947），英国数学家。——译者注

③ 约翰·伊登塞·利特尔伍德（John Edensor Littlewood，1885—1977），英国数学家。——译者注

④ 伯特兰·罗素（Bertrand Russell，1872—1970），英国数学家、哲学家。——译者注

⑤ 阿瑟·斯坦利·埃丁顿（Arthur Stanlev Eddington，1882—1944），英国天文学家、物理学家。——译者注

⑥ 詹姆斯·霍普伍德·琼斯（James Hopwood Jeans，1877—1946），英国物理学家、天文学家。——译者注

⑦ 约翰·梅纳德·凯恩斯（John Maynard Keynes，1883—1946），英国经济学家。——译者注

我们的中小学一级，肯定更加不会。但用漫画表示的极端现象有助于促进理解。如果有些很合意的职位将来确实会给予国家优异奖学金的获得者，那么，我们十分确信，要不了多久，教和学都会反映这种奖学金的重要性。再者，如果主要的奖学金和奖品越来越多地奖给自然科学和数学方面成绩优异的人，那么，我们也可以预料，其他形式的学术事业将会贬值，这是我们面临的另一危险。文学、历史和艺术处在这种环境下，多半会成为少数人的特权，是他们的家庭标准而不是学校标准为他们探索这些学科提供主要支持。非自然科学学科的好教师将更难罗致，更难被吸引到教学中去。这些学科领域中的学习动机将变得更加脆弱。当然，这可能有些夸张，但这些全是应该加以防止的可能的意外事件。

就我们的教育发展历史来说，当下考虑可以防止这种可能出现的结果的抗衡活动的形式，是不会有错的。我们切不可产生一个被社会疏远的文学知识分子集体，他们刻意回避技术和科学成就的奖励制度，因而不理解科学进步，于是感到科学上的进步预示着传统文化的毁灭。确实，将来花在改善人文科学和社会科学课程和教学方面的精力，至少应该和现在花在自然科学和数学上的精力相当。联邦和州关于教育补助的未来立法条例，可能有涉及这种课题的特别条款，现在正是合适的时机，由合适的立法委员会来考虑这种支持的性质和范围。

在考试的安排上运用丰富的想象力和灵活性，当然可以把在自然科学学科中强调竞争的行动转化到有用的目的上去。考试也能够培养思考能力。在比美国过去曾有的学校系统更富有竞争性的学校系统中，需要特殊指导。不但迅速地走到前面的学生需要，而且领会得较慢、较晚、不牢靠的学生（他们代表我们较年轻的人群的重要部分）更需要。

但是，像较好的考试和指导这样的补救办法，并不能提供主要的答案。如果我们要应付英才教育和竞争的危害，要应付过分强调自然科学和技术的风险，要应付人文学科学习的贬值，就必须在美国保持和培育积极的多元主义。我们中小学和大学里的戏剧、艺术、音乐和文学，都需要最充分的支持。

总而言之，学习动机在旁观者时代必须防止被动状态，必须尽可能建立在唤起对所要学习的东西的兴趣的基础上，它必须保持广泛性和多样性。英才教育和新的竞争形式的危险信号已经很明显。已经可能知道，超前的计划在什么地方能有帮助，应优先考虑这样的计划以及支持它的研究工作。

六　教学辅助工具

近年来对于可以用来辅助教学过程的装置，有过大量讨论。这些装置有许多种类。其中有些是打算给学生提供那些从学校日常生活里也许无法取得的材料。用于这种工作的装置，一般有影片、电视、缩微胶片、幻灯片、录音带等。书籍也起到这样的作用。这些东西是一种工具，运用这些工具给学生提供的关于事件的经验虽是替代性的，然而是“直接”的。如果排除像“仅供充实内容”那样的材料，是不大适宜的，因为，很明显，这样充实内容是教育的主要目标之一。让我们把这些装置称为替代经验的装置吧。

第二种形式的教学辅助工具的功能，是帮助学生掌握现象的根本结构，用遗传学里的术语来说，就是去发现表现型里面的遗传型。设计得很好的实验室实验或实物演示是这种活动中第一流的辅助工具。更深入地考察一下我们引导学生掌握结构这种努力，就会发现还有许多具有同样功能的其他装置和练习。努力把数学中的观念具体化使其成为可见的，这是与实验室工作同类的。斯特恩积木、库塞纳尔木棒、戴纳斯积木，以及前面提到过的皮亚杰和英海尔德的实物演示，都具有同样的功能。某些图表和画像，不论是活动的还是静止的，也同样有这种功能。模型，例如分子模型或理想化的呼吸系统模型也有类似的功能。不用说，影片和电视以及有精美插画的书籍，都能成为致力于呈现清晰概念和具体形象的助手。

但是还有其他更微妙的装置，可以而且正在用来引导学生去理解他所看到的事物的概念化的结构。把它们叫作“程序设计”(sequential programs) 也许是描述它们的最好方式。在任何学科中，有一些展现材料和观念的方式，比其他一些方式更适宜于引导学生去理解主要的观念。为了引导学生理解基本观念和结构，伊利诺伊大学中小学数学委员会、中小学数学研究小组、物理科学研究委员会和其他一些组织正在设计的构思巧妙的教程，就是最好的实例。

从实验室实习到数学积木以至程序设计这整个范围的辅助装置，我们为了方便起见，将把它们叫作模型装置（model devices）。

与此有密切关联的，有一种装置可称为戏剧式装置（dramalizing devices）。诸如精神上忠实于主题的历史小说，戏剧式地表现物种在栖息地斗争的自然纪录片，一个戏剧人物所做的实验例证，用记录温斯特·丘吉尔式的人的生活和事迹的影片来揭示政府的伟大——所有这些，对于引导学生更密切地辨认现象或观念，都有戏剧般的效果。毫无疑问，如果教师在教学中能以戏剧表演的风度来利用这种“辅助”，那就再好不过了。但还有许多别的戏剧式辅助工具教师可以利用，而且也正在利用，但不知道他们是否经常被利用。

过去十年中，终于出现了各种自动化装置（如教学机器）来帮助教学，这是有目共睹的。这些装置虽各自大不相同，却具有一些共同的特点。教学机器一步一步地向学生呈现程序化的问题或习题，学生按照这个形式，选答关于问题或习题里的多个答案中的一个，教学机器立即作出反应，指出答案正确还是不正确。如果答案正确，机器就移动到下一个问题。为了不使学生由于过多的失败而沮丧，问题与问题之间的难度通常是循序渐进的。

利用这种装置的辅助来教什么、怎样教，就要看题目程序的设计技巧和智慧了。当然，给机器设计程序的艺术是教学艺术的扩展。目前，大部分的程序设计是直观的，并且委托有声望的教师来编写。编写教学机器教案磁带的教师发现，习题有这样的效果，可使人高度意识到用以呈现问题的程序和程序的目的。例如，试图使儿童记住材料，或是试图使儿童在做难度逐步增大的问题时累积地利用材料。

从技巧来说，这种自动装置最有意义的特征也许是，它们能减轻教师肩上的一些教学负担。此外，也许是更重要的，当学生进行学习活动时，机器能给学生提供即时的矫正反馈。要评定这种装置的最终使用价值，为时还太早，可是很不巧，提倡者和反对者双方都已经提出了这样过分的要求。很清楚，机器不是要代替教师——其实，如果教学中比较麻烦的工作能够交给自动机器去做，可能会引起对更多和更好的教师的需求。如果说机器会使学习失去个性，那么，它似乎并不比书本使学习失去的个性更多。给教学机器拟定的程序，同书一样，是有个性的：它可以增添幽默，也可能是冷酷阴沉的；可以是有趣的活动，也可能会像密集队形的操练那样讨厌。

因此，总体来说，现在有各种装置来帮助教师去扩大学生的经验范围，去促使学生理解所学材料的根本结构，并生动地理解他所学的东西的意义。还有些装置现在正在发展，它们能减少教师肩上的一些教学负担。应该怎样协调一致地运用这些辅助工具和装置，使之成为一套辅助系统，当然是个有意义的课题。

在关于物理科学研究委员会使用的教学影片的报告中，巧妙地解释了“整体化”（integration）的意义。“直到最近，大多数教育影片属于充实内容的影片，主要是打算介绍在教室中非此不能看到的现象或经验。这种影片必然是只能就题目本身来设计的，因为，制片人不知道他的观众先前学过什么或是准备学习什么；他不能根据学生最近的过去来摄制，也不能为他最近的未来打下基础。过去几年内，另一种教育影片出现了（在很大程度上是由于电视的推动而出现的）。这些影片呈现课程的全部内容，有意把对教师的需求减少到最低限度。很清楚，无论哪一种形式的影片都可以非常合用，而且这样的影片确实已经拍出来了。”斯蒂芬•怀特，一个从事生产物理科学研究委员会所编的用于中学物理课的影片的主要参与者，在关于该委员会的影片生产工作的报告中说：“由物理科学研究委员会生产的每一部影片，必须符合两个条件：（1）继续把该委员会的教程作为一个整体来提出；（2）树立教程的风格和标准。因为物理科学研究委员会的影片是个复合体的组成部分，这个复合体包含教科书、实验室、教室、学生和教师。”

怀特描述了一些怎样把影片安排妥帖的问题：“影片必须顺应这个复合体，不可使它瓦解。很明显，这个原则对制片人施加了严格的约束。就物理科学研究委员会的影片来说，最重要的约束是在影片与实验室的关系上。制片人如果要在影片中包含学生在实验室应该做而且能够做的实验的内容，那只能自担风险。当这种实验在影片主题的逻辑发展上必不可少时，也可以偶然包括进去，不过内容要少，而且只是间接提到罢了。在影片里用更精巧的仪器来重复适合学校实验室的实验，人们往往认为是可取的。在这种情况下，影片要用某种方式明确地指出，它必须在学生做过实验之后才放映，并且强烈要求教师只能把它推迟到那个时间才放映。”

复合体内的其他组成部分，也必须加以考虑。“对影片的其他约束是，要求影片遵循课文的逻辑发展，符合课文的精神，以及采用课文中的词汇。最后，影片必须无例外地尊重教师的地位，必须把为了保持全班学生对他的尊敬而需要进行的活动留给他去进行。所有这些约束都属于消极方面的，但影片同样可以对复合体作出积极的贡献。它为课堂服务，指导学生注意学科中那些最能鼓励课堂讨论的方面。例如，物理科学研究委员会关于‘功与机械能’的影片有意引导学生注意一颗钉子做功时温度升高这个现象，从而开启了这个班级下一次将要进行的关于热能的讨论。而且只要有可能，影片可以直接为个别学生服务，提示他自己能在校外进行的工作。就是为了这个理由，物理科学研究委员会的许多影片包含用简单仪器来完成的吸引人的实验。”

作者谈到整体化的教学影片所实现的第二个功能时说：“每部影片必须满足的第二个条件——树立标准和风格——也可能是以影

片为媒介所能作出的最重要的贡献。影片通过引导学生注意重要的疑问和课题，可使组成任何知识领域的大量事实、概念、理论和应用结成一个有条理的范式，其中较重要的方面可以和琐碎的方面截然区别开来。这是印刷文字极难实现的；而在影片中，时常可以用一个动作来达到目的。除满足以上两个条件外，物理科学研究委员会还设法在每部影片中，针对学习过程，作出其他有真实价值的贡献。每部影片表演真实的科学家在工作，他不是作为思想奔放的聪明人出现，而是作为一个正常的、积极的，有时还容易犯错误的人物出现，他严肃地、谦逊地同现实的难题打交道，不但从他所从事的费脑筋的探索中获得满足，而且还时常从中获得鼓励。影片就是试图用这种含蓄的方式，阐明科学家和科学生活的本质。……影片处处真实。在银幕上看到的实验是小心翼翼地完成的、恰当地报道的。采用影片制作中所固有的花招，这种诱惑受到不断的抵制；在极少数的情况下，也用它来产生某种合乎需要的效果，但要明白地告诉学生它是怎样用的和为什么用它。”

物理科学研究委员会的工作任务——创作单一的中学物理学教程——是个专门化的任务，这个教程的特殊问题，可能不涉及所有的课程结构形式。可是，总存在着关于某一特殊装置的目的问题——不管它是草履虫的影片，还是曲线的滑动投影，还是胡佛闸①的电视演示，装置本身不能决定自己的目的。把视听辅助器或教学机器当作万灵药的那种狂热，是忽视了人们试图完成的任务的极端重要性。不断享用世界上最好的教学影片而不使它同教学的其他技巧联系起来，就可能陷入极端被动的状态。把教学限制在一成不变的课堂讲述中，仅仅辅以传统的、勉强过得去的教科书，则会把生动的学科弄得呆板沉闷。课程的目标和为了达到这个目标所需要的各方面平衡的方法，这两者应该形成默契。

① 美国科罗拉多河上的一座大坝上的水闸。——译者注

在讨论教学辅助工具时，考虑教师在教学中的作用似乎是奇怪的事。可是，在学校实践中，教师在教学过程中仍然是主要的辅助者。关于教师在教学中的作用，能够说些什么呢？

不需要费力的研究就可知道，传播知识在很大程度上需要人们精通所要传播的知识。这是再明显不过的——不管教师是否采用其他的辅助工具。的确近来经过调查，在各种官方的团体看来，许多中小学教师原来就没有受过足够的训练去教他们的学科。同时，由于现在教师职业的大变动，甚至比较训练有素的教师也没有足够的机会，依照从教中学这个特殊方式去学习他们的学科。教是再好不过的学习方式。有个美妙的故事，涉及一个出色的大学物理学教师。他提到向一个高级班讲述量子理论的情况："我讲了一次，看看他们，发现班上充满着发呆的面孔——他们显然没有理解。我第二次讲解，他们仍旧不懂。于是我再讲第三遍，那时候，我才懂得了它。"

现在有一些措施，必须用来改善教师的质量，其步骤已经建议过多次了，这里不需多加阐述。诸如改善新生的招收，优化选拔，改善师范院校里实质性的教育，由更有经验的人对较年轻的教师进行在职培训，在职培训班和夏季大学采用闭路电视对教师继续进行教育，提高教师的工资待遇——所有这些，都必须明确地作为目标来追求。提高教师职业的声望也同样重要。这种提高将取决于美国对教育改革重视的程度，取决于如何改善教师可得到的教学设施和工资，以及对加强他们可以依靠的来自社会和来自我们大学的支持。

必须谈一下关于教师充当知识传播者的一个特殊问题，即关于小学教师的训练和资格的问题。已经多次提到要具体而直观地训练儿童学习逻辑运算。这是以后将在小学高年级和中学更加正式地教授的内容。这种教学需要特殊的训练，而且，什么是最有效的训练形式，还不清楚。大概应该特别强调这样的工作，就是研究对年幼的小学生的实际教法的同时，研究怎样训练适合于这种教法的教师。

教师不仅是知识的传播者，而且是模范。看不到数学的妙处及其影响的教师，就不见得会促使别人感到这门学科的内在刺激力。不愿或不能表现他自己的直觉能力的教师在学生中鼓励直觉，就不大可能有效。他如果是不坚定的、不敢犯错误的，那就不可能成为一个有希望的勇敢的模范。倘若教师不愿冒作出不肯定假设的风险，为什么学生应该冒这种风险呢?

为了传播知识和作为胜任工作的模范，教师必须自由地教，自由地学。对于能够获得这种自由的手段，我们注意得不够。显然，我们忽略了把受过教育的家长的作用。在各种各样的学校里，利用家长做那些牵制教师精力的半职业性工作的计划，试验得很成功。家长的确能够协助管理自习室，协助批改日常考卷，协助准备实验室材料，协助做学校所需要的许多例行事务。如此，就可以使教师腾出手来进行教学、研究。如果教师也进行学习，教学便会出现新的质量。

教师也是教育过程中最直接的、有象征意义的人物，是学生可以视为榜样并拿来同自己作比较的人物。有谁不能想起某个特殊的教师的影响呢? 这个教师可能是个热心家，或某个观点的信徒，或酷爱某门学科的热忱的训练家，或爱打趣然而神情严肃的人。有许多种形象，而且这些形象是可贵的。唉！可也有有害的形象：有削弱信心的教师，有扼杀幻想的凶手，还有恐怖密室的支持者。

怀特海[①]有一次谈到，教育应该向学生揭示伟大的真谛。我们许多人是幸运的。但是，没有一个简易的计划，能把伟大的真谛吸引到教学工作中来。强调优异成绩仍然是缓慢然而有希望的方式。

① 艾尔弗雷德·诺思·怀特海（Alfred North Whitehead，1861—1947），英国数学家、哲学家。——译者注

不过，电视和影片在单向传播所规定的特殊限制内，不可以扩大典型人物——伟大的典范——的范围吗？我们对于不同年龄、不同环境的儿童有影响的典型人物的了解相对较少。难道奥林匹克运动会的典范是把关于才能或伟大的意识传给儿童的唯一或最好的典范吗？让有希望的中学生不时充任辅助教师，也许会做得更好吧？他们可能把更多有才干的人吸引到教学中来。

总之，教师应成为知识的传播者、榜样和典型人物，为了做到这点，可以灵活地运用种种装置来提供支持；这些装置可以扩大、阐明经验，并使经验具有个人意义。教师和教学辅助工具不需要发生冲突。如果发展辅助工具时考虑到教学的目的和要求，便不会有冲突。像那些作为骗人玩意儿的电影和电视演出，节目中缺乏内容或风格的电视系列片，对琐细事物作象形文字式的逼真描绘——这些，对教师、学生都没有帮助。课程中的质量问题，是不能靠购买16毫米的放映设备来避免的。国防教育法提供巨额资金来发展视听辅助器，那些资金和其他可以利用的资源使用得是否明智，取决于我们把制片人或编排者的技术同熟练的教师的技巧和智慧结合起来的能力。

附　　录

教育过程再探

《教育过程》一书发行以来，已经有十年之久了。这十年是教育改革的重点及其前景经历着巨大变化的十年。从何谈起呢？像考古学家似的按所产生的结果去表述那个时期，还是从革命的输入这一点上来传个消息呢？我犹豫得很！我想还是把这两种冲动调和一下：先谈点儿考古学，然后说说我的发掘工作怎样促使我发生一定强烈的革命热情的。

让我对《教育过程》这本书所产生的那个时期再说明一下。1959 年正是我们非常担心我们的学校缺乏智育目标的时候。许多知识领域早已在大踏步前进，可是这些进步却未反映在我们学校的教学之中。所谓学术行列的领先部分和殿后部分间的差距变得愈来愈大。我们特别忧虑的是，我们不能造就足够多的科学家和工程师。

就在苏联第一号人造地球卫星发射不久的这段时期，我在剑桥①的一些同事们遇到了重大问题，即现代物理学和数学没有在课程计划内体现出来，可是社会所作的决定却是以能够理解现代科学为其前提的。所以急需做的事情乃是要保证那些在社会上常作决策的人物有可资抉择的可靠根据。这项工作首先在自然学科教学中开始，随后遍及其他学科。现在回想起来，当时实在是“天真无知”

① 美国哈佛大学所在地。——译者注

的，而最为不利的情况也许是我们在开始阶段过于理想主义（rationalism）了。

我们的中心思想是：如果你理解了知识的结构，那么这种理解会使你可以独立前进；你无须为了知道各事物的属性而与每事每物打交道，只要通过对某些深奥原理的掌握，便有可能推断出所要知道的个别事物。认识（knowing）是个巧妙的“策略”，你借此能够获悉许多事物的大量情况，纵然你头脑里记住的事物数量并不多。

这个观点主要是使一些对某知识领域造诣甚深的人（该领域的专业实践者）能同教师们合作编订新的课程计划。在学术上卓有成就的人，乃至在知名的研究所和众多大学府的学者们都乐意把自己的知识应用于教育方面，帮助年轻人进行学习。此情此景在现代恐怕还是第一次吧！这是一个勇敢而崇高的想法，虽然带有危险性。这一想法仍有待于细加考察，我们日后将会有所奉告。

以上就是从讨论改进科学教育的著名的伍兹霍尔会议涌现出来的观点（也是《教育过程》的动机与期望）。然后，会议后最初五年的课程设计，除戴上一两个“桂冠”夸示一番外，竟没有一个设计是值得采用的。

伍兹霍尔会议的合理的结构主义（rational structuralism），有其与直觉主义——对巧于猜测、勇于跃进、采取主动态度等的支持——的内在平衡力量。主动性、推断力、革新精神、从牢固地把握的事物步入到那些尚未确切知道尚需有检验依据的领域，这是头脑处于最好状态。当然，人人都知道好教师经常鼓励学生如此这般地动脑筋，但是，好教师也可能犯停留于字面的通病，而未能真正付诸行动。

在伍兹霍尔会议期间以及会议之后，我们也十分强调主动的学习、学生亲自探索事物，即所重视的是主动地发现而不是被动地接受知识。这也是从下述的思想推演而来的：自行寻找事物乃是一个人按自己的方式而不是照书本的样子把获知的事物组织起来的一种活动。有些热心人却轻易地采纳这个“发现法”的思想，好像一个人甚至应能发现一群星星的名称！主动发现是个普普通通的想法，但有其深远的影响。有的情况当时还不知道——我们将回过头来再谈谈。

20世纪60年代初期，在各种课程设计中，我们一再看到，在良好教学条件下，想找到学生能力的极限是很困难的……因此，我们提出了任何学科可用某种在智力上是忠实的方式教给任何发展阶段的任何儿童这个假设，也就不足为奇。这未必意味着可以按最终的方式①去教，但确实有简化各种概念，使之基本上成为年轻学生能掌握的某种方式的打算。不提供这种简化方法就是对学生的“失礼”！追求这样一个理想大概是20世纪60年代制订课程计划这个伟大时期的最重大成果。

由此可见，当时对学生是抱着某种看法与态度的。不把学生当作与科学家或史学家这类人物迥然不同的另一种人。学习物理学的在校儿童像物理学家一样学习，而不是像某些事实的接受者那样把这些事实包含在伍兹霍尔会议所说的“中间语言”② 之内。中间语言只是谈论学科而不是研习学科。

我想起在科德角的一个阴天，那是会议结束后的一天，正下着雨，我们，会议的掌舵人吧，的确考虑过整个事业的设想有无错误的问题。我们曾担心我们最终将使教育机构反对我们以至反对科学。不久，《教育过程》问世，它受到了热烈的赞扬。我想就热烈赞扬这一点说说。对于热烈赞扬之事，如果抱着就事论事的态度，就很难办了。因为事物一旦受到赞颂，其间一些突出的要点便可能被忽视。我们所受到的这场赞颂却使每个教师读者捡拾了他最喜欢的部分，并且声称那部分恰好同他原先做的一样。但是，这段时间的热烈赞扬之声，随着新课程的开始出现便显得有气无力了。

---

① 指儿童智慧发展的最高方式，即象征式再现表象。——译者注

② 见《教育过程》。“中间语言”意指讨论关于某一智力调查领域的结论的课堂讨论和教科书的任务，而不是集中于调查本身。——译者注

所编订的课程计划，其成品不很像我们在理论上所设想的。让一个人与颇有才能和经验的教师，以及与具备同样才能和经验的科学家、史学家或学者一起工作，总会出现多少有点尴尬的情况。双方都有不少地方需要相互学习，其进程自然是缓慢的，而且关于人们应把力量集中在哪一级上——放在接近大学生水平的学生、“一般”学生抑或贫苦儿童上——也必须作出决定。

这个重大任务的某些方面，我们事先未曾估计到——很多是在课程编制后才发现的。一个问题是教育的官僚主义问题，比如，ASCD 近来出版的年鉴，有关选定什么主题、采用什么材料、怎样分配材料等方面的争论。另一个问题则是更为深入的问题，即训练教师使用教材的问题。这两个问题一直没有解决好——首先是因财政拮据，其次是关于教师的招聘、训练和监督实在是个令人困惑的难题。我并不能自封为这方面的行家。

考古学就讲到这儿。我现在想转到跟目前与将来更有关系的其他问题上去了。

这一场使《教育过程》成为其中一个组成部分的运动是以如下的信念为基础的：学习是学生想做的工作，学生渴望掌握某门学科的专门知识。学生的动机是无可非议的。同时，人们也已默认这个假设，即每个曾经到学校里学过某些课程的人，都得益于这种蕴含着中产阶级文化教养的课程内容，因为这些课程教他们分析的技能，使他们能按照惯例运用自己的智慧。

未曾对这些假设提出疑问，无疑给我们大家带来了不少伤脑筋的事。让我把刚脱稿的《教育的适合性》一书的序言引述于下：

> 此书是我在 1964—1970 年这段具有深刻而激动人心的变化的时期内所写的一本论文集。那些年月是动乱的。其本身具有一股冲击力量，由于我与年轻人一起深深地卷入其间，因而越发认识这股力量的增长。这些却是我试验和观察的“题材”。

我对外部社会动乱和人类缺乏援助之间的比较研究，确实给人以深刻的印象。

我写这些论文的时期也是我对年轻一代文化进行认真构思的时期，因为它伴随着对“现行”学校教育的反抗。反抗之声从伯克利（Berkeley）蔓延至哥伦比亚（Columbia），经由哈佛（Harvard）的殴打事件和索邦（Sorbonne）的暴动，直到布拉格（Prague）的春天与夏日，接着便是漫长的严冬的开始。在我们自己的一些大学里，已由“新学院”（New Colleges）的全盛时期，进入现在这条系科繁多的“强硬路线”（hard line）之日了。青年人起初是为了达到政治目的采取强有力的行动，随后却向新的过激分子猛烈开火；现在，1971 年年初，出现了停止战斗的新局面。

经历了这场动乱和这些年的理想主义，人们已提出了“自然性”“自发性”和直接性，即通过亲身接触的直觉性等等主题。对传统的学习方式的不信任已使疑问暴露无遗了：难道这样一种学校不是教育问题的一部分，倒是教育问题的解决之道？20 世纪 60 年代初期的美国教育改革，主要关心的是课程的重新编制。理想是清楚的，且以自我指导的智慧去利用当代的知识。在数学与物理学、化学与生物学，甚至在行为科学等方面的努力是勇敢的，也是成功的。当时在人文学科方面曾经摇摇晃晃，困惑难解，但后来也就弄清楚了。我们发觉，修改人文学科含有的爆炸性问题太多。

这十年的后半段，即书写这些论文的时期，更深的疑窦开始涌现。修改课程计划够了吗？抑或要根本改造大、中、小学这一整套教育体系呢？直率地说，这一疑窦的根源深得很，可以追溯到我们这个时代在不断变化中的文化和技术。而我们在越南的毁灭性的残酷战争也使一直自鸣得意的许多人对我们的实际和优先考虑之事提出了疑问。一个自称理性主义的社会拥有如此巨量的财富，怎么仍然有那样无情的破坏性呢？当我们的生活中还存在城市贫民窟、穷困人的“文明”、种族歧视以及更坏的事的时候，怎么能以慷慨资助的名义去帮助作战呢？我们再瞧瞧贫困和种族歧视对儿童所造成的骇人听闻的影响，而学校在某种程度上已经成为我们社会中罪恶力量的工具了。像乔纳森•科卓尔（Jonathan Kozol）的《早年的夭折》（*Death at an Early Age*）这种具有说服力的书不是已公之于众了吗?!

首先探索“自由学校”的是黑人社区。这种学校应帮助黑人提高鉴别力，使之意识到自己对本社区具有自控权。正像民权运动曾为整个社会的抗议声提供模式一样，自由学校趋向于使黑人的贫困儿童产生与中产阶级社区聪明儿童相似的反应。对教育体系的反抗很快达到了对教育的权力机构的反抗。好心人像伊凡•伊利奇（Ivan Illich）和保罗•古德曼（Paul Goodman）痛斥教师与教育行政人员的那股“有点儿泄气”的官僚威力，他们发出了新浪漫主义的呼声：靠自发性自行拯救，“废去”现行的学校。据我们所知，这观点立即在“时髦”的青年一代的文化中扎下了根。

但是倘若浪漫主义对某些人是一种安慰，那么对另一种人便是失望。1970 年春，《今日之心理学》（*Psychology Today*）的一位编辑伊丽莎白•霍尔（Elizabeth Hall）问我对当时的美国教育有何想法，此时我能回答的就只是：它陷入了异常危险的状态。美国教育已经无法适应社会的要求，它不是走在前头而是落在后面。我对早期教育和社会阶级的研究使我相信：教育制度事实上是我们维护阶级制度的一个途径。它使占人口四分之一的社会经济地位最低者的儿童，特别是那些黑人的儿童丧失了得以精神饱满地参加到社会中去的力量。况且，它又搞得那么早，那么有效。

这些话虽然尖锐，我还是要继续说下去，并且要对给比较聪明的孩子进一步编制“问题解答”课程一事表示疑虑。如霍尔在《今日之心理学》（1970 年 12 月）所报道的，我说过：“在历史的这个重要时刻，也许是我生命中的重要时刻，我不管是否激进，正在指望社会的创造力将使它本身有可能促使人们在我们大众的贫穷、城市生活及实实在在学习应用技术等问题上合作。”

因此，我这本大致按年份顺序组织的小册子，就从 1965 年的题名为《智力完善化的可能性》一文开始，到 1970 年完稿的《贫穷与儿童期》一文结束。这样，该不令人惊奇吧。

五年就这样过去了。到 1970 年，我们所关切的已不是凭借课程从内部去改革学校，而是为了适合社会的需要，把学校全部改组，把学校改成教育机关。要求于我们的，已不是改革而是革命。在这个重大任务中，学术的作用是什么，也就不那么简单了啊！

人们现在该怎样做呢？如果 1971 年召开“伍兹霍尔式”的会议的话，应采取什么形式呢？我们不会再在伍兹霍尔、在那种原是沿海岸的乡村地区了吧！我们很可能会聚集在大城市的中心。讨论的工作将以贫困儿童的遭受剥夺和中产阶级儿童的彼此疏远作为重点。就紧要之处来说，起中介作用的工具将不是课程而是学校，甚至连学校也不是而是社会。通过深入的观察，我认为，问题将牵涉到人们如何恢复首创精神并意识到自身的本领，如何行动起来诱导人人想要再学习。一旦完成了，课程就将成为另一种问题——课程将不被看作一门学科，而被视为学习与使用知识的一个门径。

我还得说一点其他的问题，那就是关于促进学习者的行动，使他充分认识到自己的意愿和创造性的问题。

首先考虑的是如何使人们向往学习事物，如何使这种重要而艰难的学习任务坚持不懈，激起兴趣。我新近在《星期六评论》（*Saturday Review*）上发表的一篇文章中曾提出一个设想：制订星期一、星期三、星期五的包括着各种标准化讲题的课程计划，同时在星期二、星期四甚至星期六有可能投入到那种把当前引起争论的大事放在中心地位的活动——主张为政治目的而采取有力的行动的行动主义（activism）。这可能吗?！让人们在星期二、星期四去准备表达自己观点的“提纲”（briefs），作出他们所关心之事的方案。让他们或是就学校的问题或是就地方事件诸如此类的问题预备好行动计划。学会把人的所有的聪明才智对准你们目前认为的重要问题是何等重要啊！这就是为讨论或处理“移栖性”问题（或定时复现的问题——译者注）提供时机。正因为这些问题很重要，所以即使“答案”早被遗忘，问题还是在徘徊游荡，而且也必然有较多的时机来表示富有意义的冲突、爱憎以及其他的情感。这些情况既不要当作滑稽的行为，也不要当作怪僻的态度。我看过用临时凑合的戏剧、影片等方式对历史事件进行教学和质疑的设计方案，可帮助人们学会用不同的观点解释历史。电影和戏剧等这些现代的舞台内容在这方面达到了何等卓绝的程度！尤内斯库①或皮兰德娄②不很担心会有荒谬之事，但他们对如何避免发生明显的差错是注意的。这不是可以预先规定的事情。但是，我们生活于其间的这个社会的组织结构所造成的困惑究竟如何，这肯定是可以探究出来的。

一本杰出的、令人感动的名为《巴比纳的儿童》（*Children of Barbiana*）的著作，讲述在意大利的一个现代山城托斯卡（Tuscar），儿童在学校的许多科目上曾经有过无数次的不及格，因而他们世世代代都感到前途无望，只能当一名无技能的勤杂工。有位牧师来到了这个教区。他帮助一所学校，使这里的儿童没有一个不及格，使这里认为每个儿童都得及格是理所当然的。想到教室里的全体儿童应掌握了前一课后才能进行后一课的教学，这是每个人

① 欧仁·尤内斯库（Eugène Ionesco，1912—1994），法籍罗马尼亚剧作家。——译者注

② 路易吉·皮兰德娄（Luigi Pirandello，1867—1936），意大利剧作家。——译者注

的职责。

社区是有效学习的一股有效力量。学生在受到鼓励的条件下是希望彼此互助的。他们像一个细胞，一个革命的细胞。正是在这样一个集体内得以发生互教互学的情况，正是在作为一个集体的课堂内才有其本身的同情心及其对成员的责任感。

这些事我们在伍兹霍尔都未想到要那样去做。我们也没有想到相互关系（mutuality），因为我们停留在课程改革这个思想上——姑且不论建设我们的实验场所和检验我们的课程设计事实上正像成立公社一样艰巨！

有的人必然会质问："那你打算怎样把学生分年级呢?"你们也可能质问我："你将如何对世界上所有跟同事和研究生合作写论文的知名人物定等级呢?"

在马萨诸塞州的康科德（Concord，Massachusetts），有一批中学女生正在当本地小学校的指导教师。正像我所发现的，那些熟悉与小学生年龄相仿的指导教师的人都知道，那种有法儿帮助人的指导教师达到了一个教师所能做到的程度，引导学生学得更好。这有什么可惊奇的呢？这种情况岂不意味着传递文化吗？

我所说的年龄相同或年龄相差不远的一批学生的事是对社会上存在着不同年龄阶段的人这个情况的启示。进一步来说，我们需要的，是在正规学校之外，重新创建"学习化的社区"（learning community）。像现在成立的那种社区相隔很远，太孤立了。不仅要拆掉小学与中学之间的壁垒，而且还要建立个人与大学的终身关系，他可以为了生计而回到学校，再度成为一个更广阔的学习化社区的一分子。麻省理工学院在几年前曾指出：一个工程师所受的教育，五年以后就陈旧了，所以必须让他回来再学习，从而赶上时代。让他回校学习，学费便来自他对当时一些刚好是初学的人履行职责所得的报酬，当教师、指导教师、管理员等，不都行吗？

最后，为了教育与社会相适合，不管我们可否收回诸如职业、生活方式（ways of life）等旧概念，还是干脆使用今天许多大学生的语言“生活作风”（life-styles），我总是想考察的。现代社会对生活作风的关心，给我的印象极深。我在哈佛的一幢高楼柯里尔（Currier）大厦居住刚刚满期，我向你们保证我所注意到的事情是真实的。可是，我感到震惊的是我们难得把所谓人的生活作风、那种职业和生活状况解释清楚。在我们这个划分等级的、五花八门的社会里，我们的学生怎能完全不知道地方的食品商及其作风、地方的医生及其作风、地方的汽车司机及其作风，以及地方的政治活动分子及其作风？又怎能忘记地方上粗制滥造的作家、抱负不凡的女演员，以及未婚母亲的作风？我确实相信我们的青年人已变得非常孤立，他们竟然不知道社会上有可取得的地位，且能在其间表演着他们自己的作风。我极力主张，我们应寻找某种方式，以利于社会的多样性同学校的种种情况联系起来，免得后者那么孤立，前者又那么惹人疑惧。

末了，让我附带说一件与《教育过程》并无直接关系，但在今天却排在前列的事情。人们在讨论教育时不能掉以轻心。我们，作为一个社会的人，应致力于重新医治穷人、无家可归的人或由于某种原因在我们的等级制度社会里不适合的人——不管是黑人还是被剥夺了一切的人——所遭受的严重创伤，否则就是自杀！如果说还有什么由我们处理幼儿工作所产生的问题，那就是我们没有让幼儿“生存”下去，有成为成年人或做爸爸妈妈的机会。我们使幼儿很快丧失希望，早在第二年、第三年，儿童的希望就开始“遭难”了。

当任何集团的抱负被非法夺走时，就会铤而走险，用违法的手段去对付这个广大的社会，尽管他们仍力图保持尊严或重获尊严。单单依靠教育是不能改变不平等的，这是我们在过去十年所取得的又一个教训。贫穷的影响也同样通过学校传布开来。这不是语言所能阻挡得住的，除非能有工作和就业机会，以表示社会对毕业后能力尚过得去的人的信任。

我们一定能通过许多途径再认真地构思一种制度，使我们的学校适应这种制度，并成为其中一个统一而不可分割的部分。这的确需要我们重新分配我们的资源，重新安排优先考虑的事项，重新规定我们国家的奋斗目标。我们务必学会怎样妥善地处理它。年轻人懂得这一点；他们瞧不起我们，因为我们不敢正视这个事实以及其他困难。历史很可能站在他们一边。

总之，我们最终必须重视：教育不是一个与社会无关的中立性问题，也不是一个孤立的问题。教育是一个深刻的政治问题。这里，我们保证了某些人的前途，但常常在保证这些人的前途时，却抛弃了另一些人。如果我现在有权选择，那么为20世纪70年代而进行的“课程设计”，应是寻找一种我们能借以使社会恢复它的价值观念和生活优先权的手段。我认为，我满怀信心地宣称，若是要继续前进的话，那么与历史学的结构、物理学的结构、数学的前后联系等有关的重要事情的知识就别再强调了，宁愿认真对待关于我们所面临的问题的知识。我们自己更要好好地关注着如何使这些问题得以解决，不只是采取实际行动，而且要使知识——我们从任何场合找到的、用任何方式找到的知识——用在这些大规模事务的工作上。我们不妨把职业和意愿退回到教育的过程中去，但应比先前的做法做得更坚定。

十年以后，我们才认识到《教育过程》乃是革命的开端，人们还无法估计它将走得多远。课程的改革是不够的，学校的改革大概也是不够的。这个问题是创立文化、社会和技术的人的能力问题，因此，人，不仅要养活他，而且要不断地关心他，不断地提高他的才能。

邵瑞珍译自威廉·范·蒂尔（William Van Til）主编的《课程：寻求切合需要》（*Culliculum: Quest for Relevance*），1974年英文第2版，第258—265页。译文原载《教育研究》1979年第1期。

布鲁纳生平和著作简介

杰罗姆·西摩·布鲁纳（Jerome Seymour Bruner）于1915年生于纽约。他的家庭属于有成就的中上阶级，所以渴望年轻的布鲁纳成为一名律师。然而，布鲁纳另有想法。1937年，他毕业于杜克大学（Duke University），随即进入杜克大学的心理学研究生院。翌年，他转学到哈佛大学（Harvard University）。1941年，他得到了哈佛大学的心理学博士学位。

布鲁纳初到哈佛时，他的兴趣集中于研究动物的知觉。哈佛直到1933年才成立独立的心理学系。当时在该系系主任波林（E. G. Boring）的领导下，研究的重点是动物学习的知觉实验。布鲁纳则在哈佛著名的科研工作者和生理心理学家拉希里（Karl S. Lashley）指导下进行研究。由于第二次世界大战爆发，布鲁纳的兴趣转向社会心理学，撰写了关于纳粹（Nazi）宣传技术的博士论文。在战争期间，他投身部队，在远征军最高司令部（Supreme Headquarters Allied Expeditionary Force，SHAEF）的艾森豪威尔统帅部工作。1945年，他回到哈佛。1947年，他发表了《论需要在影响知觉中的重要性》这篇有意义的文章。他在这项研究中，论证了贫穷儿童较之富裕儿童，往往倾向于更高地估计硬币的大小。他根据这一研究结果作出结论说，价值和需要有力地影响人的知觉；还说，人是通过使他们的知觉同他们过去经验相一致而得出意义的。因此，人能够用减少环境的惊奇性的方法来看待世界，从而有降低心理紧张的可能性。这些研究导致众所周知的知觉论中的"新貌"（new look），而且为美国的认知心理学派奠定了基础。认知心理学探讨人类获得知识和智慧发展的能力。认知心理学尽管在欧洲是个重要的领域，但在美国由于行为主义传统的影响，则完全忽视思维的研究，视之为主观的或“不科学的”事。布鲁纳改变了这一切。1960 年，他帮助哈佛大学建立认知研究中心。虽然他并没有发明创造认知心理学，但他确实对促使认知心理系的系统化及其与科学规则的一致性起了很大作用。

布鲁纳作为经验论者，总是清楚地记住科学的基本规则：从观察数据着手，然后在数据中得出结论。一旦一群理论心理学家对某部影片可能对儿童们发生影响争论不休时，布鲁纳便被请进当顾问。布鲁纳倾听了这群坐在安乐椅里的抽象理论家议论一会儿后，立刻打断他们的话说：“我明白了！我们请一个孩子来，让他看这部影片，然后我们问他有何想法。”

这也是布鲁纳研究教育心理学问题的方法，如果你想知道儿童们怎样在学校情境中学习，那就应当研究教室里的儿童们，而不是研究笼子内的白鼠和鸽子。

1960 年，布鲁纳发表了《教育过程》这本重要著作。正如《哈珀杂志》（*Harper's Magazine*）所写：“对渴望用明白易懂的文笔来合理评论教育的人来看，布鲁纳的著作是无可指责的。”在这本著作中，布鲁纳提出了三个要点：第一，学校应当致力于教一门学科的总的性质即结构，而不是教一门学科的全部细节和事实；第二，任何学科都能按照某种在智育上忠实的方式有效地教给任何发展阶段的任何儿童；第三，布鲁纳强调学习中直觉思维的重要性。直觉思维是解决问题的一种技巧，据此儿童所依赖的是顿悟和直接领会，而不是有计划的一步步分析。

布鲁纳的工作受到了他同僚们的注意。1963 年美国心理学会（APA）授予他杰出科学奖（DSA）。1965 年布鲁纳被推选为美国心理学会主席。

1972 年，在布鲁纳到哈佛大学当研究生三十余年后，他离开美国就任英国牛津大学心理学的沃尔茨（Walts）教席的新职。

在教育心理学领域，布鲁纳做了许多事情。《哈珀杂志》写道：

“他也许是杜威（John Dewey）以来第一个能够对学者们和教育家们谈论智育的人。”

布鲁纳的主要著作：

1944 年

出版《人民的委任》(*Mandate from the People*)。

1956 年

出版与 M. 布鲁斯特·史密斯（M. Brewster Smith）、罗伯特·W. 怀特（Robert W. White）合著的《舆论与人格》(*Opinions and Personality*)。

1956 年

出版与杰奎琳·J. 古德诺（Jacqueline J. Goodnow）、乔治·A. 奥斯汀（George A. Austin）合著的《思维的研究》(*A Study of Think*)。

1960 年

出版《教育过程》(*The Process of Education*)。

1962 年

出版《论认知：左手随笔》(*On Knowing*：*Essays for the Left Hand*)。

1966 年

出版与罗斯·R. 奥尔弗（Rose R. Olver）、帕特丽夏·M. 格林菲尔德（Patricia M. Greenfield）等合著的《认知成长之研究》(*Studies in Cognitive Growth*)。

1966 年

出版《教学论探讨》(*Toward a Theory of Instruction*)。

1968 年

出版《认知成长过程：婴幼儿教育》(*Processes of Cognitive Growth*：*Infancy*)。

1971 年

出版《教育的适合性》(*The Relevance of Education*)。

1976 年

出版与艾莉森·乔利(Alison Jolly)、凯西·席尔瓦(Kathy Sylva)合编的《玩耍：在发展和进化中的作用》(*Play：Its Role in Development and Evolution*)。

1983 年

在丽塔·沃森(Rita Watson)的帮助下出版《儿童的谈话：学会使用语言》(*Child's Talk：Learning to Use Language*)。

1983 年

出版《心的探索》(*In Search of Mind*)。

1986 年

出版《真正的心灵，可能的世界》(*Actual Minds，Possible Worlds*)。

1990 年

出版《意义行为》(*Acts of Meaning*)。

1996 年

出版《教育的文化》(*The Culture of Education*)。

(邵瑞珍　编译)